世界的尖銳
我以溫柔抵擋

또 오해하는 말 더 이해하는 말

扼殺人的是言語，
拯救人的也是言語。

在所有的關係當中，重點都是「言語」。

有些話像長了刺一樣，在其他人身上留下傷口，有些話則如同寶石閃閃發亮，帶給人希望。「該怎麼表達才不會造成誤解？」、「我要如何才能理解他人的想法？」為了建立健康的人際關係，說話絕對是一門需要學習的領域。

有些人在不知不覺中逐漸疏遠，也有些人即使不常見面仍心懷想念。我認真思索其中的差異，發現往往是因為那個人對我說過什麼樣的話，決定了我們彼此間的情感溫度。了解這點後，我盡可能在和人對話時，仔細觀察對方的語氣及表情，試圖理解對方的情緒；即使是同一句話，我也會努力用心說得更溫暖。因為說出口的話會決定別人對我的印象。

我的個性說好聽一點是細膩，說難聽一點，就是容易讓人覺得累，也因此我比一般人更加在意話語中的力量。

為什麼他說的話讓我不舒服？該怎麼做才能放下心裡的疙瘩？面對重要的人應該怎麼溝通？我的言語中是否承載了影響他人的力量？我在誤會和理解中反覆思索，一句句寫下屬於自己的答案。

　　有的人會因為別人無意間脫口而出的一句話，左右一整天的心情；也有的人時常處於不對等的關係中，淪為吸收周遭負面情緒的垃圾桶。我想為這些人做些什麼，於是將長期在生活中累積的體悟轉化為文字、集結成書。

　　我們每天面對著錯綜複雜的誤會，並為了消除誤會而嘗試給予理解。如果今天你也在這個過程中孤軍奮戰，真心希望這本書能帶給你安慰。

期許一個美好的開始

趙宥美

PART 01
【自我】成為自己情緒的主人

PART 02
【人際】劃出溫柔而堅定的界線

PART 03
【工作】我們可以選擇更好的世界

PART 04
【心態】在尖銳的荒野裡溫暖綻放

PART 05
【方向】在黑暗中為自己點亮微光

PART 01

自 我

成為自己
情緒的主人

不是每件事
都一定要有用處

有沒有用無法靠自己決定。
我們要努力,但不需要執著。

我的興趣之一就是跑到光化門的大型書店，窩在散文區的角落一段時間。在那裡，我可以觀察到形形色色的人。有獨自安靜走走逛逛，離開前帶走一本書結帳的人；也有一邊跟朋友閒聊、彼此詢問「你想買什麼書？」的人。不過在幾年前，我曾經在這裡聽到一句話，那句話彷彿尖銳的刺，深深戳入我的心裡。

　　「我才不讀散文。那不是阿貓阿狗都能寫嗎？那種文章我也寫得出來。」

　　這句話本身並沒有錯，於是我更難受了。雖然很想辯駁：「你實際寫寫看就不會這樣想了！」但即便他隨意寫了自己的故事，那的確也算是散文沒錯，我很難站得住立場。

　　或許就是從那時候開始，我對寫作產生了一些強迫症。萬一寫出「阿貓阿狗都能寫的文章」，肯定會讓那些支持我的讀者失望吧。我的眼前經常浮現讀者們不滿的表情，讓準備下筆的手動彈不得。以前我每天寫一篇文章，身旁的人都叫我「認真的文章生產機器」，沒想到這樣的我居然會有一天，出於「必須寫出好文章」的責任感，而陷入一個字都寫

不出來的低潮。

　　曾經我可以心情愉快地工作、流暢寫出一篇又一篇文章。然而現在，卻連一個詞彙、甚至標點符號的位置都讓我糾結不已。即便好不容易寫完了，比起享受成就感，我更注重的是這些自己寫下的文字「有用嗎？」

　　如果我判斷這篇文章沒有用，心裡的自己好像也跟著成了一個沒用的人。生活重心幾乎全數放在寫作上的人，如果寫出沒有用的東西，不就像是連人生也一起被否定了嗎？必須要有用處。這對想透過工作實現自我價值的我來說，是一件相當重要的事。

　　出版社寄來了一封郵件，詢問我是否有意願簽約出書，可是我連去開會的勇氣都沒有。在合約上蓋了章之後，就有義務要完成書稿，所以只要不簽約就不用承擔更多責任了。我當時已經因為壓力，連練習用的文章也擠不出一個字，怎麼有辦法正式寫作呢？我把我的心情告訴一位私交不錯的編輯，她從手提包拿出一盒頭痛藥，向我說了一段話，那番話徹底改變了我的想法。

　　「用處沒有辦法靠自己決定。妳看，假設有人給妳這個

頭痛藥。妳現在頭不痛啊，所以這個藥派不上任何用場。但要是把這個藥給頭痛的人呢？它當然就會變得非常有用。文章也一樣，如果妳的文章恰好符合讀者的需求，就能得到『哇，寫得真好！』的好評；如果不是這樣，那就不過是一篇普普通通的文字組合罷了。

有沒有用不是妳能決定的。妳能做的只有全心全意做該做的事而已。這麼說或許有些不負責任，不過最好抱持著『寫著寫著總會成功吧』的想法，然後心安理得把稿子交出去！聽聽那些成功人士的採訪，就會知道他們不僅認真努力，也受到命運之神的眷顧。我覺得這句話說得沒錯，命運之神的眷顧也很必要。有時候無論我們再怎麼拚命咬牙苦撐，做不到的還是做不到。我就是因為知道這點，所以工作的時候很努力，但並不執著。做著做著就能成功的，我一直這麼認為。」

社會學家查爾斯・顧里Charles H. Cooley 在「鏡中自我 Looking glass self」理論中談到，每個人都會透過他人的評價或期待來認識自己，形成「社會自我」。這意味著我們會藉由「別人」這面鏡子，思考自己呈現出來的樣子，並選擇做出能展現正面形象的行為。舉個例子，假如某天我被朋友稱讚：

「妳真的好瘦！明明是同一件衣服，妳穿起來就是比較有型。」就算沒有刻意管理身材，也會因為聽到別人說我漂亮而開心。緊接著，我會認知到身材苗條是我的魅力之一，並開始思考：「別人是因為我身材好才喜歡我嗎？」本來沒什麼特別的想法，不過自從聽到那句話之後，心裡就冒出了必須減肥的壓力，認為自己一旦變胖，別人好像就會討厭我，於是慢慢對吃東西這件事產生罪惡感，甚至用極端的手段減肥。除了這個例子之外，在社群上只上傳自己認為會被按讚的發文，或為了得到稱讚而行善，這些行為也都可以用鏡中自我的理論解釋。

大概是因為我的職業一直以來都仰賴被別人青睞才能生存，所以我不知不覺間也開始執著於那面「鏡子」。然而奇妙的是，回顧我過去的創作，到現在仍然大獲好評的文章，往往是我在沒有意識到他人的情況下所寫，單純只是基於當下想寫作的衝動而埋首一整天產出的文字。反而那些我事先揣測過讀者反應、或企圖寫出朗朗上口的金句而仔細琢磨的文章，反應都平平。我對鏡子的執著，讓我失去了原本擅長的事。

發行很久的歌曲突然翻紅、重登音樂榜，已經過氣的藝人在五六十歲後重新站上巔峰……這些例子幫助很多人重新燃起動力，相信自己「還有機會」、「還不算太晚」。儘管在奮力追求名聲的過程中被埋沒，偶然的機會還是有可能隨著人生浪潮如命運般降臨。

　　有些事會隨著時間流轉自動上門；欲望越大，反而越容易心急過頭，做出不像自己的決定。所以，與其執著於用處，不如像把身體交給音樂一樣，隨著節奏享受當下就好。誰也不知道自己未來將成為什麼樣的人、實現什麼樣的夢想。與其認為自己沒有用而心情低落、浪費寶貴的時間，不妨一點一滴將那些專注投入、快樂的時間累積起來，有一天，命運的時刻一定會登門造訪。

沒有必要

戴著面具生活

不需要每天都好好的，
一直沒事的人才更奇怪吧？

我認真準備的書稿，曾經一度被無限期延後出版。書延遲出版一兩個月很稀鬆平常，所以我剛開始並沒有太在意。不過那次沒有被告知任何原因地拖了一年之久，導致我的生計越來越困難。我沒有把這件事告訴任何人、心裡很煎熬，朋友P知道我早早就交了稿，或許是察覺到我跟平常不太一樣，便跑來關心。

　　「妳不是說稿子去年就交了嗎？我第一次聽到拖這麼久的，沒事吧？」

　　我不想讓好友擔心，於是避重就輕回應：「聽說出版社有一些狀況。」

　　P似乎不滿意這個回答，打斷我的話：「我不是問出版社，是問妳的心情，還好嗎？」

　　我看他的神情，似乎沒有要輕易放棄的意思，便老實以告：「還好，為了讓自己好好的，我每天都在努力。」

　　話一說完，P就緊緊握住我的手，語氣溫暖地告訴我：「不需要每天都好好的，有事就有事。一直沒事的人才更奇怪吧？」

我慚愧得滿臉發紅，感覺自己像個傻瓜，隱瞞了不需要隱藏的情緒又被人揭穿。

　　每當有人問我：「妳是個正向的人，還是負面的人？」我總是說自己「比較接近」正向的人。我並不是天生正向，卻強烈想成為一個正向的人，算是積極努力生活的類型。可是有時候，這樣的意志卻會成為毒藥。需要努力，意味著想擁有自己缺乏的東西。不定期來臨的憂鬱像雨水從天而降無法阻擋。然而社會上瀰漫著「正向思考是優點」、「必須積極生活」的氛圍，即使憂鬱來襲，也無法被接受是正常的反應。一旦成了憂鬱的人，不知為何就會被貼上「對社會有諸多不滿」的標籤，讓人沒有勇氣露出「我現在非常消極」的真實面貌。

　　「微笑假面症候群 Smile mask syndrome」是由日本大阪樟蔭女子大學夏目誠教授提出的心理學醫學用語，指強迫自己保持開朗、無法正常宣洩悲傷及憤怒等負面情緒，呈現不穩定的心理狀態，也被稱為「假面憂鬱症（或微笑憂鬱症）」。雖然不斷承受龐大的外在壓力，卻一昧否認、壓抑自己的情緒。如果這種狀態持續下去，就會因為忙於包裝自己，而無法察覺自己真正感受到的情緒，出現食慾不振、無力、自我懷疑、頭痛、消化不良等症狀。

一直以來我都戴著面具在生活，假裝若無其事、假裝自己很好、假裝活得很快樂。但「假裝」只是暫時的擋箭牌，保存期限並不長。就算擋箭牌的性能很好、可以維持很久的時間，我的心依然會在這段期間中逐漸腐爛。

　　沒有必要故意欺騙自己的心。不需要每天過得幸福、不需要每天付出愛、不需要每天都快樂，更不需要每天都覺得自己沒事、自己很好。負面情緒也是人們被賦予的珍貴感受之一。我該做的是尊重自己的這份情感，並練習客觀面對它的存在。成為情緒的主人，不是一定要永遠幸福的意思，而是要正確替此刻的感受命名，坦然接受「這是再自然也不過」的事。

　　人生有上坡也有下坡。縱然現在再怎麼開心，也會碰到令人厭煩的日子。「憂鬱」是直到人生落幕之前都會一路陪伴我們的朋友，與其裝作不認識或排斥它，不如學習共同前進的方法。憂鬱的時候就直言不諱坦承自己很憂鬱吧！憂鬱躲藏在心底時就像一隻巨大的怪物，可是當我們打開心門、將它釋放之後，分量就會減輕許多。生氣的時候可以生氣，難過的時候可以難過，憂鬱的時候可以憂鬱。因為這些都是我們帶著情感在這片土地上活著呼吸的寶貴證明。

自卑感放大缺點，
也點燃心中的火苗

有沒有用無法靠自己決定。
我們要努力，但不需要執著。

之前我想多找一份工作，報名了作詞補習班練習投稿。我在那裡認識了Ｃ同學，我們常常一起討論、分享回饋、相互督促，彼此關係很親近。Ｃ同學是所有學員當中最早開始作詞、也最有經驗的一位。他發表的每篇歌詞都具有一定的水準、品質穩定，再加上他為人認真，積極參與徵稿活動，因此我們開始來往沒多久，直覺便告訴我，他會是我們之中最成功的人。不過出乎意料的是，包括我在內的其他人都陸續通過徵稿後，只有他的投稿石沉大海，完全沒有下文。

　　或許是看到比自己晚起步的人一個一個榜上有名，只有自己落後而感到難過，Ｃ同學向我吐露他內心的痛苦。

　　「我有一個朋友，他是在我的建議之下才開始作詞，後來他順利通過徵稿，我卻落選了……起初幾個月，我以為很快就會輪到我，也真心祝福他；可是這段期間看著他一帆風順，我卻連一次都沒有成功。不知不覺間，我開始拿自己跟他比較，也覺得越來越沒意思，我真的不知道該怎麼辦。」

朋友之間雖然存在著互補的共生關係，但面對同一個目標時卻也必須相互競爭。我很能夠理解他之所以產生忌妒的原因。

　　六個月後，有天我們和往常一樣，在課程結束後聊著彼此的近況。大家互相分享寫作的瓶頸、兼職的辛苦、以前投稿的創作概念等話題。

　　這時C同學又提到了朋友的事：「上次大家一起投稿的那次徵選，我沒通過，但我那朋友通過了。看來是我沒有天分吧……」

　　看到C悶悶不樂的樣子，其他同學紛紛鼓勵、並給予他建議：「我覺得你最近的作品跟以前不太一樣，好像少了一點自己的個人風格。要不要用以前的寫法重新嘗試看看？應該會滿有幫助的。」

　　C同學像是被戳中痛點似地，尷尬笑著：「對啊！我都已經寫了兩年還是沒辦法通過，所以才會覺得哪怕只有一句歌詞也好，一定要甄選上。結果寫得越來越安全、保守，漸漸就變成這樣了。」

　　我還記得第一次見到C同學時他自我介紹的樣子。

他說：「我知道大家都是因為喜歡才開始作詞，不過我是真的打從心底熱愛這件事。所以希望可以得到各位的建議並更加成長。」

那時的他在大家還略顯拘束的氣氛中，露出溫和的微笑、充滿自信地說出了自己的抱負。那個曾經帶來強烈印象的 C 同學，如今正逐漸失去自己的色彩。最近一次聯絡時，他說自己已經超過一個月沒有動筆。

「我忍不住就會去比較市面上的歌詞……雖然也有很多歌詞寫得比我好，但是有幾首明明寫得沒有我好，為什麼卻是我的被淘汰、他們錄取呢？這讓我很生氣，又覺得自己這個樣子好沒出息……」

這就是曾經充滿熱情、甚至會在同一首歌詞中融合兩種創作理念的 C，最後收手不再接觸創作的原因。

身為醫生、同時也是心理學家的阿爾弗雷德・阿德勒 Alfred Adler 曾經提到，自卑感是人類普遍都有的情緒。通常感到自卑的時候，就會說出很糟糕、很差勁、自己不配擁有之類的負面話語，但阿德勒反而認為自卑是人類進步的原動力，給予相當正面的評價。這是因為，人們會為了克服自己的自卑而努力，也會為了使自己達到目標而持續發展。

然而，現在的我們並沒有將自卑感當作成長的踏板，還反過來變成射出攻擊之箭的武器。有時候把箭射在自己身上、責備自己；有時把箭射在別人身上、貶低他人。我們應該要運用這份自卑感來激發能量、讓自己瞬間翻越高牆，但我們卻把所有的力氣消耗在討厭的事物上，無法發揮自卑感積極正向的一面。

人有擅長的事，就有棘手的事；有喜歡的事，就有討厭的事；有充沛的部分，就有不足的部分。不只有我這樣，大家都是這樣。因為我們不是神，我們只是人而已。肯定有人會想：「那個人為什麼可以樣樣都好，怎麼可能再怎麼拍都拍不出灰塵呢？」不過，從我們的角度看不到，不代表就是沒有。沒有人能夠知道當事者經歷過什麼困境。

每個人都有缺口，這是很理所當然的事情。空缺的地方只要用努力來填補就可以了。如果覺得自己在某個領域缺乏才能、再怎麼拚命也填補不了，那不過是因為能發光的時機還沒有來到，或是可以填補空洞的寶物在其他領域而已。

無論在什麼樣的地方、以什麼樣的方式，你終究會發光發熱。所以，別因為當下做不到就朝自己或別人射出攻擊的

箭矢。不健康的心和過於偏頗的想法，很有可能讓我們做出吃虧的選擇，親手推開得以發光發熱的機會。

別因為自卑感而傷害任何人，要將它當作超越界限、不斷進步的火種。用健康的自卑感點燃心中的火苗，終有一天，我們也能一步步成為這世界的光。

沒有一句話比
自言自語的
影響力更大

我不是為了克服逆境
而與世界對抗，
而是在「想成為的我」
和「不想成為的我」之間
做出抉擇。

有一段時間，我入睡之前都會被一片白茫茫的霧氣籠罩。我曾經想過：「要是可以就這樣睡著、永遠不要再睜開眼睛就好了。」那時的我雖然害怕死亡，但更害怕活著，唯一能成為依靠的只有睡眠。於是我不斷睡了又睡。我把家裡的燈都關了、拉上遮光窗簾，一整天都在睡覺。現在幾點、今天星期幾的感覺變得相當遲鈍。

　　因為我什麼都不想做，只是不停滑著手機，當時有一排字映入我的眼簾：「做完10次心理諮商後記」，底下寫著作者接受心理諮商的感想。從這篇文章中我得知了一件原本不知道的事。我本來以為心理狀態不好、想諮詢時只能去醫院的身心科，但其實還有另一個提供專業心理諮詢的地方，叫「心理諮商所」。在這裡不用留下醫療記錄、不使用藥物，只是透過諮商的方式提供建議。之前我以為心理諮商一定要到醫院才行，覺得自己狀況好像沒有嚴重到那種程度。這大概就像是病得快死了，卻怎麼也不敢打119一樣吧！不過如果是心理諮商所的話，感覺心理負擔沒那麼大，試著去一次也無所謂，打聽了幾個地方後便立即預約了。

接受諮商後，雖然隱約的憂鬱感沒有因此消失，但我終於知道了自己每天晚上陷入迷霧的原因。兇手就是那不經意間，一句一句在心中冒出的「自言自語」。

　　明明別人什麼話都沒說，我卻不斷在心裡反覆陳述「我錯了」、「我沒辦法」、「一定又會失敗」、「做不到的事幹嘛去做」、「不想睜開眼睛」、「快窒息了」，豎起心中所有的刺。我想得很簡單：「只是想而已又沒人聽得到，我連要想什麼都不能隨心所欲嗎？」可是我忽略了一個人——正在接受這些評價的「我」聽得到。

　　這些細碎的言語不斷塑造出我心目中的「自己」，並且進一步影響明天的我。負面的自言自語，在精神狀態穩定的時候悄然無息，不過一旦跌到谷底時，它們就會迅速化成一道巨大的陰影，吞噬世界上所有的光。心情好的時候勉強還過得去，可是當我的心變得脆弱時，就怎樣也找不到那股得以對抗陰影的力量。

　　「夢想成真」的口號讓人熱血沸騰不是沒有原因的。一開始或許會抱持懷疑：「唉，說什麼夢想成真？如果能夠成真，那還算是夢想嗎？」然而當我們不斷反覆告訴自己夢想會成真時，心裡的希望就會發芽：「說不定是真的啊？只要

去做就行了嗎？試一次看看吧？」這就是自言自語的力量。不要覺得「獨處時想的事情，隨便說什麼都沒關係」，這些無意識中累積的每一句話語，最終決定了自己能發揮多大的力量。自言自語用耳朵傾聽的時候細弱微小，用心傾聽的時候卻震耳欲聾。

希臘神話中，有一位賽普勒斯島 Cyprus 的國王名叫「畢馬龍 Pygmalion」，島上所有女人他都不喜歡，所以長期以來過著單身生活。後來他將自己心目中最理想的女性形象雕刻出來，雕像的模樣非常完美，畢馬龍立刻陷入了愛河。他對雕像說話、送她禮物、親吻她，熱切希望雕像能成為自己的妻子。有一天，在賽普勒斯守護神阿芙蘿黛蒂 Aphrodite 的慶典上，畢馬龍誠心向女神獻上祭品，由衷祈求：「請賜給我一位和這座雕像一模一樣的女人，讓我能迎娶她。」他的真誠感動了阿芙蘿黛蒂，於是祂將這座雕像化為人，畢馬龍終於得以和她結婚。

有一個心理學術語便是源自這則神話──「畢馬龍效應 Pygmalion effect」。這個詞的意思簡單來說，就是當一個人堅定相信「事情會越來越好」，最後就會真的變好；反之，如果認定「我做不到」，結果就會真的無法做到。同時也意指當

別人鼓勵自己、對自己賦予期待時，表現就會越好的現象。而這其中的關鍵就在於：**我們說的話，會決定事情的走向。**我們所相信的事物，將影響我們採取的行動、改變我們生活呈現或發展的模樣。

當我第一次浮現：「要是可以就這樣睡著，永遠不要再睜開眼睛就好了」的想法時，我正經歷一次龐大的挫敗。我擺脫不了失敗的衝擊，只能一再將自己寄託在這個念頭當中。即使經過好一段時間，內心也復原到一定程度，那句話仍然在腦中揮之不去，導致心靈也因此慢慢變質。

在這段過程中，我雖然不斷告訴自己：「差不多該好起來了」，「我再也爬不起來」的印象卻已經深植在體內，沒有辦法鼓起勇氣辯駁的我，只能一直睡覺。這是個陷阱。沒有一句話比自言自語更能迴響在自己的耳邊，而我完全忽略了這點，將所有負面的單字注入自己的心裡面。

當一切都不如所願的時候，腦中不自覺就會冒出許多消極的想法。然而，當這些尖銳的矛紛紛刺過來時，更應該努力告訴自己：「沒關係、別擔心、戰勝它吧、你可以做到的。」用這絕對不會被穿透的盾牌，阻止任何人傷害自己。

我並不是為了克服逆境而與世界對抗，而是在「想成為的我」和「不想成為的我」之間做出抉擇。我希望成為什麼樣的人，所以為此付出努力，而當我相信自己時，那時候的我將無比堅強。

碰壁只不過是
找路的一個過程

漏斗上面很寬，越往下越窄。
必須進行很多嘗試，
才知道通過狹窄洞口的是什麼。
。

除了小時候曾經上過幾個月的美術補習班之外，我和藝術之間的距離十分遙遠。這樣的我，卻在大學時考上了一個專攻設計的學系。幸好主修的不是傳統美術，而是用Photoshop 或 Illustrator 等軟體製作多媒體內容，所以勉強能跟得上進度。

　但是我的水準跟那些接觸藝術很久的同學比起來，還是有天壤之別。我還在一步一步學習使用設計軟體時，這對他們而言早已經是能夠直覺反應的基本功。我們甚至從做作業之前蒐集的參考資料水平就大不相同。

　系上大部分課程發表作業時，都是直接用投影機播放，再聽教授給的回饋。我姓「趙」，因為筆畫多，幾乎每堂課都是最後面才輪到我。這種時候該說「早死早超生」比較好嗎？等前面的同學輪番發表完精彩出色的作品，再換我的作業被投影出來⋯⋯不起眼的內容看起來更寒酸了。

　雖然是因為大學考試沒考好、只能照成績填科系，但我天真以為大家都是從大一開始學，所以儘管沒什麼自信，還是填了領域陌生的設計系。

我連大學有先修課程也不知道，就這樣在各種超乎預料的狀況下就學。第一個學期的主修課對我而言彷彿地獄，儘管沒有任何人跟我比較，我仍然覺得自己成了被遠拋在後頭的那個人。然後在其他同學拚命選修系上專業課程的同時，我開始跑去選修通識課程。

　　我抱著「反正不是系上專業課程都好」的想法，在忙碌的課業中努力參加對外的活動，一有機會就報名各種比賽。當時的我急於想向別人證明：「我只不過是在專業課程裡表現得沒那麼好而已。」

　　可是現實的高牆不留情面，我在大部分的活動中也並沒有取得好的成果，報名了比賽卻連初選都沒有通過。我投注健康與生活換來的這些挑戰，連一行都寫不進履歷中，讓我尷尬不已。

　　茫然虛度了幾個月之後，我因為難以接受現實的打擊，逃進了山洞裡。越是挑戰，自己的不足之處就越是明顯。我再也不想做任何事了。更準確來說，我並不是「不想做」，而是「害怕去做」。我沒有信心面對微不足道的自己。

　　當我處於黑暗的時期時，在一堂通識課上，教授要求我們規劃自己未來的藍圖。其他同學紛紛寫下各式各樣的內容

後交了出去，我卻連一個字也寫不出來。

教授在教室內巡視全班學生的書寫情況，看到我整張紙呈現空白狀態時，建議我說：「如果很難規劃遙遠的未來，也可以先具體思考即將來到的寒假想做些什麼」。

「寒假」這個詞讓我背脊發涼，因為去年暑假正好是我淪為失敗者、最糟糕的一段期間。教授看到我瞬間黯淡的表情，問我是不是發生了什麼事。我在心裡苦惱了好幾秒鐘，掙扎著要不要據實以告，反正通識課一學期就結束了，而且以後也不會再碰到教授，於是我鼓起勇氣說出口：

「暑假的時候我嘗試了很多事情，但是卻一再碰壁，我現在對於要再去挑戰其他事物感到很害怕。」

教授溫柔地回答：「同學，如果因為膽怯而退縮，就真的找不到自己想要的東西了。唯有做過各方嘗試，才知道自己喜歡什麼、擅長什麼。沒有嘗試、光用想的怎麼有辦法知道呢？現在經歷很多失敗是理所當然的。妳看過漏斗吧？漏斗上面很寬，越往下越窄。妳現在正處在寬的地方，正在探尋自己的可能性，必須進行很多的嘗試，才能找出最後通過這狹窄洞口的是什麼，這只是個過程罷了。」

我腦中想起了電視劇《回到18歲》中，棒球選手藝志勛

拜託曾經有過好感的主播鄭多貞陪自己練習，於是教多貞拿球棒的畫面。多貞因為害怕迎面飛來的棒球而不自覺閉上眼睛、往後躲開，所以始終沒辦法準確擊球。志勛實在看不下去，便對多貞說：「要擺好姿勢、看清前方才打得到球。」聽到這句話的多貞鼓起勇氣再次揮動球棒，準確擊中了棒球，把球打得遠遠的。志勛稱讚多貞打得很好。

「多貞小姐打了一個得分球，很開心吧？」

這時多貞害羞地嘟著嘴說：「我知道你是故意輕輕把球丟給我的。」

志勛帶著不以為然的神情，繼續說道：「總之都打到了嘛！雖然很鬱悶、很累，但因為一直打而打到了一次，對吧？所以不要因為一次揮棒落空就害怕。下一個球會是安打、滾地球、還是全壘打，在揮棒之前沒有人知道。所以堅持揮到最後一刻吧！」

一直以來，我都沒有好好揮動球棒就希望自己能得分。不管是安打還是滾地球，都要先揮棒之後才會知道，我卻一心只擔心可能被球打到、或是揮棒落空而不斷後退。這跟期待一顆球能自動飛出去成為全壘打沒什麼兩樣。在短短幾個小時的球賽中，也可能因為球沒打好而出界、傳球失誤而失

分或意外犯規，更何況在漫長的人生中，怎麼有辦法每次都安全上壘呢？

　　經歷很多失敗，意味著自己還處於成長的過程。與其盲目畏怯，不如實際去試試看吧！比起把味道調得不鹹不淡，弄到最後不倫不類、什麼也不是，還不如痛快跌倒、獲得一次教訓，從長期來看更有幫助。雖然不斷失敗讓人相當難受，但是在這失敗、失敗又失敗的過程中，將會慢慢過濾掉雜質，萃取出成功的精華。既然如此，就笑著嘗試、勇敢面對失敗吧！只有失敗過的人才知道成功的方法。

即使世界上
沒有人知道，
自己也會知道

早知道要遺憾那麼久，
當初就絕對不會猶豫。

有天我收到一張喜帖，是一個跟我關係很好的姐姐H寄來的。之前聽她說，穿上婚紗的那瞬間才真的感覺到「原來我要結婚了！」所以在恭喜她的同時，我順口問她有沒有選出一件漂亮的婚紗。H說準備婚禮的過程中，最難選擇的項目就是這個了，還提到自己在試穿婚紗時經歷的事。

　　H本來對結婚或是婚禮沒有太多憧憬，所以早就和未婚夫講好儘可能精減預算。不過真正開始準備之後，一想到「這是人生僅此一次的婚禮」，眼光不自覺變得越來越高，尤其是婚紗。

　　以前她都說：「婚紗看起來不都是白色的嗎？不需要穿到那麼貴的。」但到了試穿婚紗那天，實際穿上不同價格的婚紗之後，H才確實感受到貴和便宜的差距有多大。單從照片上只看得見禮服整體的造型，感覺不到質感，可是親眼看到、用雙手觸摸過後，就會發現連自己這種一般人也能輕易感受到的細節差異。

要是預算充足H根本不需要苦惱，可是為了要買一間結婚新房，預算已經相當吃緊。對H來說，婚紗那五十萬韓圜（約台幣一萬三千元）的價差真的非常大。家俱、家電產品、戒指、或是到濟州島拍攝的照片還可以當傳家之寶、永遠留作紀念，但婚紗穿一次就結束了。而且，如果不是家人或關係很好的朋友，根本沒有人會記得新娘在婚禮上穿了什麼婚紗，頂多只記得婚宴的餐點好不好吃，所以H十分猶豫到底要不要在婚紗上花那麼大一筆錢。

　　H穿上婚紗、拍了許多照片，過了30分鐘還是做不出決定，一直低聲唸著該省錢還是該讓自己滿意。

　　結果媽媽的一段話瞬間終結了H的猶豫：「妳就穿妳想穿的吧！別在這些地方省錢。雖然就像妳說的，婚紗都一樣是白色的，別人也記不得妳穿了什麼。但我可是到現在都還清楚記得自己結婚當時穿的婚紗，連蕾絲花紋、很大的墊肩、皇冠頭飾的樣子、捧花上有哪些花都記得一清二楚。更搞笑的是，我甚至記得當時只是試穿、卻因為太貴而放棄的那件婚紗。媽媽我那時也是一分錢都捨不得浪費，於是挑了一件便宜的禮服。現在都已經過了三十年，那份遺憾仍然沒有消失。早知道會遺憾那麼久，當初我就絕對不會猶豫。」

歌手李孝利在某個綜藝節目上提到了自己和老公李尚順的一段生活小插曲。她說，老公在用木頭製作椅子的時候，連椅子內側的底部都會認真用砂紙磨平。李孝利看到這一幕後問老公：「這裡沒有人看得到啊！誰會知道你做的這些？何必連這種地方都處理得這麼仔細？」那時老公短短回了一句：「妳會知道啊！」那句話蘊含了很大的力量。

李孝利說：「現在回想起來，這件事影響了我很多。即使別人不了解我，我也覺得自己的存在很了不起。越是這樣想，我就越懂得尊重自己。」

「反正別人看不到就行了」、「沒人知道所以沒有關係」……想必大家心中都曾經閃過這樣的念頭吧。說要去K書中心讀書卻一直在滑手機、隨便穿越馬路、服務生多找了錢卻沒有告訴他、下定決心每天都要做的事全都拖到最後一天、明明沒有生病卻裝病不去赴約等等。

那些我告訴自己：「唉唷，這種程度不算什麼吧！又無傷大雅。」的時刻，其實正是最能夠看透自己的時候。從心底冒出的「我會知道啊！」這句話，讓我的背脊瞬間發涼。我的藉口可以騙過家人、騙過朋友、騙過戀人，卻絕對騙不了自己，因為「我」知道「我正在找藉口」。

對於參加婚禮的賓客來說，H穿什麼婚紗都沒有差別。因為婚紗並不是賓客要穿的，而且在婚禮上評論新娘的衣著也很失禮，所以就算禮服不好看，到了隔天也就不記得了。

可是對於新娘而言就不是這樣了。

穿上喜歡的婚紗時興奮的心情、為了要穿哪件婚紗猶豫不已、還有掙扎是否退一步選擇便宜婚紗時湧上心頭的情緒……這一連串的記憶將無比深刻地留在心裡。再加上婚禮的照片和影片都會保存下來，如果最後妥協選擇的婚紗不好看，以後每一次回顧時，肯定都會很後悔：「唉，當初就應該穿另一件婚紗」。

穿上真心喜歡的婚紗而後悔「早知道不要在婚紗上花那麼多錢」，以及勉強穿了不喜歡的婚紗而後悔「早知道就穿自己喜歡的婚紗」。儘管同樣都是後悔，兩者的等級卻有著無法比擬的巨大差距。

「我真的可以做這件事嗎？」
會有這個煩惱，就表示內心其實極其渴望做這件事，只不過受到其他考量拉扯，沒有辦法果斷下決定而已。

不要為了顧慮別人而捨棄自己的渴望，不要為了難以預測的遙遠未來而放棄現在，更不要為了看別人的臉色而錯過自己真正的想法，讓身體順從自己的心意行動吧！

　　即使別人不記得，我自己也記得；即使世界上沒有人知道，我自己也知道。

小草不會變成一朵花

但能夠在山中存活很久的，
只有那些不知名的雜草。

我小時候只喜歡又大又華麗的花朵，後來漸漸地，開始感受到簡單樸實的美，覺得盛開在田野裡，那些我以前連看都不看一眼的小花相當可愛，最近，則是迷上了清新的翠綠小草。花之路、如花一般的……以「花」這個字來形容的事物通常代表了「美好」的意思。有段時間，我很想過上花朵般的生活。漂亮、受到大家喜歡，而且售價也高，我以為這就是我要的人生解答。

　　可是現在的我卻覺得，當一朵花的生活實在太疲憊了。想要當一朵花，就必須保持光鮮亮麗，不能露出邋遢的模樣，必須隨時繃緊神經、維護自己神祕的形象。一方面提心吊膽、害怕被人看中而採摘，另一方面也擔心沒有人發現自己的價值而焦慮哀怨。我想，與其屹立不搖堅持幾十年，每天過著忐忑的生活，如同一株不知名的小草般安心過日子，是不是更幸福呢？

　　我能夠了解小草的心情，要多虧有次去爬山時，聽到旁邊阿姨們的談話。

她們看到有幾個登山客隨意摘下花和水果，不滿地嘖嘖議論著：「默默無名反倒是一件好事呢！花長得好看就會被人摘走，草藥有益健康就會被人挖走，水果好吃就會被人取走。能夠在山中存活很久的，只有那些不知名的雜草吧！」

　　過去費盡心力想被人看見的那些日子，逐一閃過我的眼前。我知道自己很平凡，要是沒有突出、顯眼的表現，根本不會有人看見我，所以我努力成為主角。

　　我誕生在這個艱辛的世界、拚命向前跑卻當不上主演，只能成為旁邊經過的「路人甲」，這件事曾經讓我難以接受。因為在現實中，不管是電影、電視劇還是話劇，都只有主角才能站在聚光燈下。我迫切希望獲得別人的認定，哪怕只有一絲絲的光也好，所以我傾注了自己的所有，到了過分、過度、甚至過頭的地步。

　　然而，身為雜草的我竭盡全力也不會變成一朵花，只是從一株雜草，變成一株努力活著的雜草罷了，我卻連這個道理都不懂。那我該怎麼辦？難道只能接受現實、隨隨便便活下去嗎？

　　雜草會搶走附近土壤的養分，在短時間內長得茂密旺

盛、快速佔領一定的位置，因此很容易被當成必須拔除的有害植物。但其實雜草在這片土地中是不可或缺的角色。

　　雜草的水分可以防止土地過於乾燥，並從地底深處吸取養分、拯救死去的大地。草根的力量能夠穩固沙土，預防沖刷或流失，同時使土壤更加肥沃，孕育出適合各種生命體生存的環境。而且「雜草」之所以帶有歧視意味，也只是來自人類妄自訂定的標準，我們花錢買來吃的艾草、蕗蕎、牛蒡等植物，在國外也是被當成雜草對待。在這個世界上，沒有哪一種草應該被冷落。

　　不可能所有人都名列前茅，有前段就代表有中段、後段。如果不是擁有與生俱來的天賦，或是付出了血淚交織的努力，那麼欣然接受平凡反而更有利身心。我們必須先接受現況，才能夠進一步發展或擬定新計劃。倘若一昧否定，生活在虛幻的假象裡，只會每天過著不幸的日子。儘管每個人都冀望成為價值連城的寶石，但其實我們也有可能只是順著出身過生活。生命的存在，本身就扮演著獨一無二的角色，因此不需要刻意成為別人眼中的「什麼」。因為我就是我。

　　下面這則文章，是我坐在山頂時寫下的短篇童話。

不知名的雜草

有個村子裡住著各式各樣的植物，

正當大家炫耀著自己的美麗、幸福的時刻，

有一株不知名的雜草卻暗自沮喪。

「玫瑰華麗又漂亮！熟透的葡萄甜美誘人！可是我⋯⋯」

沒有任何特色，只是綠綠的、長長的草，

和朋友們相比顯得微不足道。

「要怎麼做才能像大家一樣？」

雜草每天晚上雙手合十，祈求自己也能夠充滿特色。

後來有一天，

一群孩子來到了這個寧靜的村子。

「哇，那朵花好漂亮！我要把它摘下來做成戒指。」

玫瑰驚慌失措地尖叫：「什麼？不行！拜託別摘下我！」

另一個孩子走向飽滿纍纍的果園。

「那葡萄看起來真好吃。太好了！正好我肚子餓了。」

葡萄流下了恐懼的眼淚：「等等！不要，不要吃我！」

孩子們嬉戲了好一陣子後離開了，
只留下不知名的雜草和還沒長大的植物們。

雜草這時深刻體會到：「因為我是雜草才能活下來！」
我覺得不幸，並不是因為我是一株雜草，
而是因為我身為一株雜草卻想變成花，
總是在羨慕別人、看不見自己的價值。

小雜草從此下定決心，
即使自己沒有名字，也要努力過快樂的生活。
無論如何，當一株幸福的雜草才是真正的智慧。

昨天和今天
是不一樣的兩個日子

就算今天一整天都毀了也沒關係。
花瓣現在凋零了，
但明天就會綻放出新的花朵。

有一陣子我做什麼都不順利，不好的事接連湧來，如果自己一個人待著，恐怕會像黑暗之子般不斷睡下去，所以我隨意帶了幾套衣服回到老家。

　平時不太喊累的木訥女兒突然說想念媽媽，並決定花五個小時車程回到故鄉，媽媽立刻察覺到不對勁。回到家的女兒，臉色如媽媽預料般陰沉，於是媽媽帶我出門吃一頓大餐。等小菜上桌、肉都烤熟了我還在發呆，媽媽拿出手機傳了一張照片給我，並向我介紹這種花：「這朵花很漂亮吧？我在外婆家附近看到的，聽說叫做阿拉伯婆婆納。」

　「阿拉伯婆婆納」是鄉下田野間經常能看到的一種野花，這種花的生命週期很短，只有一天。早晨盛開的花，花瓣到了晚上就會合起，並且直接落下，在短短的一天內結束了生命。隔天早晨，又會有新的花朵再次綻放。

　媽媽拿阿拉伯婆婆納來比喻，對我說：「宥美啊，我們活得像阿拉伯婆婆納吧！就算今天一整天都毀了也沒關係。花瓣現在凋零了，但明天就會綻放出新的花朵。對了，阿拉

伯婆婆納也是最早告訴人們寒冬快要結束的迎春花，花語的意思是『好消息』喔。」

那是我人生中第一次在烤肉店流下眼淚。

有一種叫做輪盤的遊戲，靠轉動轉盤後看珠子停在紅色格子或黑色格子來決定輸贏。1913年，在摩納哥蒙地卡羅的一家賭場，一群玩家正在玩輪盤遊戲，下注賭珠子會停在哪裡。珠子連續二十次都停在了黑色格子上。很多玩家深信連續那麼多次都是黑色，接下來一定會停在紅色格子上吧！於是紛紛把賭注押在紅色格子上。

然而，珠子到第二十一次和第二十二次依然落在黑色格子裡，直到第二十七次才掉進紅色格子中。那時大部分的玩家已經損失了無數金錢、面臨破產的地步。這件事也衍生出「蒙地卡羅謬誤 Monte Carlo fallacy」和「賭徒謬誤 Gambler's error」的詞彙，意思是指，雖然獨立事件的每次結果並沒有關聯，但人們卻會傾向於預測與前一個結果相反的答案。

人生中發生某件事情的機率是百分之五十，不發生某件事情的機率也是百分之五十。無論何時都是五十比五十。就像我們不能保證第二十次的珠子停在黑色格子，第二十一次

就會變成紅色一樣；即使到目前為止都一直遇到不好的事，也並不代表明天會繼續出現不好的事，沒有這樣的公式。

我們很常感受到壞事在同時間一擁而上，但雖然昨天和今天看起來連接在一起，卻是截然不同的兩個日子。直到昨天都還活著的人，也有可能今天已經死亡。

如果想活出和昨天不一樣的今天，就不要把昨天的情緒帶到今天，讓今天還沒開始，就被染成漆黑的顏色。「昨天是昨天、今天是今天」，俐落地劃清界線吧！「今天」是上蒼賦予我的、嶄新的日子。「今天」是我收到的禮物，是一張什麼都還沒有寫上的白紙。這張白紙上要描繪出什麼圖案，只能由我自己來決定。

懂得變通的人
不會指責別人固執

問別人
『你為什麼這麼固執』的人，
往往是最固執的人。

我和前男友Y交往了滿長一段時間，他最常跟我說的一句話就是：「妳為什麼這麼固執？」每次吵架聽到這句話都讓我心痛不已。我很固執這點，不需要別人說，我自己也知道，因為這是我一直以來最想改變、但無論再怎麼努力仍然改不掉的一點。如果我沒有自覺、或是不認為這有什麼，這句話對我的殺傷力不會這麼大。但是自己的弱點受到心愛的人指責，讓我的自尊心出現了裂痕。難道是我的固執讓這個人如此痛苦嗎？是因為我固執才讓我們每天爭吵嗎？明明知道這對事情沒有任何幫助，為什麼我還是無法停止固執？

　　當我意識到自己正在成為這個人人生的阻礙時，我告別了Y。以前的分手都沒有什麼遺憾，可以分開得乾淨俐落；但這一次分手，卻是因為我改不了自己的缺點而毀了一段珍貴的感情，也因此在我身上出現了很大的後遺症。比起和Y分手，親手摧毀了愛情的自責感，更讓我日以繼夜受到折磨。

　　我和媽媽一起邊吃飯邊看電視劇時，看到了男女主角分手的場景。女主角哭著吐露自己的心聲，男主角卻顧及自尊

心，執意讓這段感情走到盡頭。我彷彿照鏡子般看到了自己。在最熟悉我的媽媽面前，不經脫口問出：「媽媽，我為什麼這麼固執呢？」

媽媽察覺到異狀，反問我：「怎麼了？誰說妳固執？」

我嘆了一口氣：「有人說我的固執讓他很辛苦。」

媽媽安慰著這個垂頭喪氣的女兒：「在我看來，那個人八成也很固執吧？雖然說妳固執也沒錯，但如果對方老是這樣說妳，那就表示他也是個不懂得變通的人吧？」

我很好奇媽媽這樣說的原因，媽媽告訴我：「因為個性相似才會出現摩擦。」

「把不固執的人和固執的人放在一起沒什麼問題，因為不固執的人能夠適時調整情況。但要是兩個固執的人呢？當彼此都沒辦法各退一步，這種情況下會冒出的台詞，就是：『你為什麼這麼固執？』如果是懂得變通的人早就直接讓步了，可是因為他做不到，才質問對方為什麼這麼固執，然後強迫對方適可而止。他嘴巴上這樣說、自己卻一步也不讓。問別人『你為什麼這麼固執』的人，往往是最固執的人。」

《明心寶鑑》的〈存心篇〉中有一段話，是北宋政治家范忠宣公訓誡子弟時所說的：「雖然是愚笨的人，但責備別

人時會清清楚楚；雖然是聰明的人，原諒自己時也會迷迷糊糊。你們如果總是用責備別人的心來責備自己，用原諒自己的心來原諒別人，就不怕達不到聖賢的境界。[1]」。

以「你為什麼這麼固執？」衝撞對方的人，自己反而才是固執的人。責備別人：「你為什麼心胸這麼狹窄？」的人，自己反而才是心胸狹窄的人。質問別人：「你為什麼這麼敏感？」的人，自己反而才是敏感的人。

不固執的人懂得包容，遇到固執的人也不會發生衝突。心胸寬闊的人，不會隨意指責別人對方小心眼。具有同理心的人，也不會老覺得對方太敏感。說到底，其實人們說出口的都是自己的性格。

試圖糾正對方的個性時，必須先反觀自己是否也有同樣的問題，才不會因此發生衝突。假如真的是如此，與其指責對方改正這個、改正那個，不如伸手放在自己的心口上勸誡自己：並不是只有那個人有問題，我也有，所以先從自己開始做好吧！這樣一來就能改善彼此之間的關係，自己也能在日常生活中提升修養，可以說是一舉兩得。

1　原文：范忠宣公誡子弟曰：「人雖至愚，責人則明。雖有聰明，恕己則昏。爾曹但當以責人之心責己，恕己之心恕人，不患不到聖賢地位也。」

追著數字跑的日子

吃著不安而長大的心，
禁不住一點點的微風吹掃。

某天我和一位在大企業上班的朋友Ｓ約在板橋一起吃晚餐。Ｓ唸的是一間首爾著名的好大學，畢業後立刻就開始上班。在第一間公司待了兩年左右，蛻去社會新鮮人的外殼後跳槽到更好的公司，在那裡又工作了兩年左右，努力累積經驗並快速晉升。他憑藉這份履歷成功轉職，跨入大企業的門檻，擁有了一張人人稱羨的名片。

　　看著Ｓ乘勝追擊、升職加薪的模樣，我不禁心生羨慕：「他怎麼有辦法換工作換得這麼順利？」只要對公司不滿意就果斷離職，這是我一生中沒有在自己身上看過的樣子。

　　這位我一直以來默默崇拜的朋友，看著我將筷子放到桌上後說出的第一句話是：「我要辭職了。」他每次離職都毫不拖泥帶水，所以我以為這次也只是像之前一樣又要換一家公司而已。可是當我問他要跳槽到哪間公司時，他卻說自己要結束上班族的生活，用存款開一家咖啡店。

竟然有人自願離開鼎鼎大名、人人搶破頭的夢幻工作，這件事讓我震驚不已。如果我能進那家公司的話，大概會為了工作奉獻自己的一輩子吧！

S是這樣說的：「學生時期我覺得自己能力很好，老實說還滿不可一世。加上投出的第一份履歷就錄取，我以為自己真的很厲害。但一踏入社會，更優秀的人比比皆是，還不像我每天替團隊帶來不少麻煩，我覺得自己糟透了。後來幸運被挖角，換到一份條件更好的工作時，我下定決心：這次一定要做好！所以一直拚命工作，也升遷得比別人快。終於，在進入大企業的那一刻，我心想自己總算出人頭地了。沒想到公司裡遍地都是奇才，我自豪的學歷不值得一提，甚至連一路以來累積的職涯經驗都薄弱到難以啟齒。

我為了不被淘汰努力往高處爬，沒想到還是躲不過被淘汰。這次的打擊讓我開始思考活著的意義，我的身體和精神都垮了。於是我終於明白：在資本主義下生活不能太執著於數字，否則只會淪為數字的奴隸。明明如果把每一個人格分開來看，都是最珍貴獨特的存在，不是嗎？從今以後，我想要更珍惜對待自己。」

雖然一開始認為 S 離開大企業太過衝動魯莽，可是聽完了他的狀況之後，我反而很贊同他的決定。

　　追求數字的空虛感比想像中龐大。

　　我以前也過著無法擺脫名次的生活。曾經有一段時間，我為了考首爾的大學拚命讀書，但好不容易考上大學之後，卻也沒有因此獲得滿足。一踏入校園，當初全心祈求「只要在首爾就好」的願望立刻消失不見，反而因為我們學校在首爾內的排名很後面，向他人自我介紹時的聲音越來越小。

　　出社會後也是如此，儘管我就職的公司在二十幾歲年輕人之間還算有名，對長輩來說卻是聽都沒聽過。我感覺自己好像承受了一股必須往更高處爬的壓力。後來有幸成為一名作家時，我心裡也湧現沉重的負擔：「出版社是看上我的社群人氣才簽約，萬一我寫的書賣不出去怎麼辦？」

　　「自信心 Self-confidence」是一種相信自己能順利完成目標的感受。「自尊心 Pride」會讓你為了維持自己的體面而不任意屈服。「自我價值感 Self-esteem」則是指能夠接受自己真實的面貌，肯定自我的價值。

自尊心和自信心無論建構得再堅固，一碰到條件優於自己的人還是會立刻垮台。然後在弱點被看見的瞬間，為了掩飾不足而盲目工作、搞砸人際關係，或是因為感受到強烈的無力感而放棄一切，陷入不斷比較優劣的泥沼。

　　但擁有自我價值感的人不一樣。自我價值的目光不是朝向外面，而是聚焦於內在，因此無論周遭環境如何變化都不會鬆動。弱點被看到也無所謂，那只不過是需要克服的部分而已，當然可以欣然接受。

　　所謂的弱點就像雪球，如果不接住它就會越滾越大；但只要願意坦然接受，那個瞬間起，弱點就不再是弱點，而是幫助我們跨越難關的跳板，以及成長時所需要的養分。

　　「想要做得好」的心態很好，但是千萬不要加上「比較」。要比那個人做得更好、要比上次做得更好、要比那樣做得更好……在句子裡加入比較，就會形成競爭，就會有被追著跑的人，和追著別人跑的人，就會為了不在競爭中落後而鞭策自己：「我一定要做得更好，不然我又……」吃著不安而長大的心，禁不住一點點的微風吹拂。

　　只要自己做好就行了。

不需要比誰做得更好，只要這次、自己做得好就可以了。這樣的世界裡沒有優勢和劣勢、沒有倖存者和淘汰者，也沒有令人厭倦的平均值。只要自己做好就好了。

不需要每天都覺得沒事。

正確替自己現在的感受命名，

坦然接受這是「再自然也不過」的事，

是我們生而為人的寶貴證明。

PART 02

人際

劃出溫柔
而堅定的界線

這世界上不存在
「怎麼說都可以」的話語

我本來說話就不好聽，
又不是故意的，
為什麼你要往心裡去？

這是在我新書上市之後，其他出版社編輯傳訊息給我時發生的事。當時我們正在商議下一篇書稿，討論結束後順道聊起近況，他傳來了一句：「新書出版了嘛，真是恭喜！」收到這則訊息後，下一則訊息立刻緊接著跳出來：「天啊！不是『嘛』，是『耶』～新書出版了耶，真是恭喜！」

　　我跟這位編輯認識很久了，所以其實並沒有誤會，不過對方可能擔心語氣聽起來像是在諷刺：「妳還在其他出版社出了書啊！」於是急忙修正內容之後重新傳來訊息。

　　我笑著回覆：「原來差一個字意思差這麼多，哈哈～」因為擔心誤解而驚慌失措的編輯，傳來冒一堆冷汗的表情符號。就像這樣，光是一個結尾的語助詞，整句話的語氣就變得完全不一樣。明明是一樣的話，卻又是不一樣的話。

　　和別人對話的時候，有兩種狀況會讓我非常生氣。一種是話語中充滿攻擊性，讓對方受傷後又無辜地說：「我沒有那個意思，我心裡不是那樣想的」。另一種是在需要好好表達感謝或歉意時吞吞吐吐、隨意敷衍。

「傲嬌」這個源於日文的單字盛行後，成了電視劇中男主角充滿魅力的性格特徵。雖然外表冷漠高傲，內心卻不斷擔心女主角，並在背後默默給予照顧。這種欲擒故縱、讓人心跳加速的角色，在戲劇中令人嚮往，但如果出現在現實生活中，多半是個不討喜的麻煩人物。我喜歡直率又溫柔的人。

　　有一種海裡的魚叫「明太魚」。稱呼其幼魚時，不是叫明太魚（명태），而是「努加里（노가리）」。沒有經過冷凍或乾燥的新鮮明太魚稱為「生太（생태）」，冷凍過之後稱為「凍太（동태）」，曬得半乾叫「叩多里（코다리）」，曬到完全乾透叫「北魚（북어）」。另外，如果是冬季放在寒風中反覆結凍再融化的稱為「黃太（황태）」。萬一製作黃太時天氣回暖、魚的顏色變黑，就稱作「墨太（먹태）」；相反地，如果是在低溫下完全乾透、顏色呈現白色的話就是「白太（백태）」。更有趣的是，隨著捕撈方法的不同，名字也會出現變化。用魚竿釣上來的是「釣太（조태）」，用漁網捕撈上來的叫做「網太（망태이）」。

　　明太魚的名字五花八門，是因為以前不像現在有先進的保存設備，所以魚的狀態會隨著捕撈那一年的氣候或保存環境出現變化。因此，根據商品的味道和顏色等，分別取了不

一樣的名字。但我想說的是,如果連魚的名字都會因為特徵而如此多變,人們想要傳達給他人的意思,當然也會因為從嘴裡說出的話不同而有天壤之別。

說話溫柔並不是一種與生俱來的能力,是努力而來的,是經過刻苦磨練才能造就的結果。能夠在日常生活中輕易脫口說出溫暖話語的人,是因為他付出的努力已經滲入骨髓,成為下意識的慣性。從人們口中說出來的話語,是為了維持關係而付出的行動,因此所謂的「言語」,就像用耳朵聆聽那個人的誠意一樣。

我十分討厭有人抱持著「我本來說話就不好聽」這種不負責任的態度。也討厭有人推卸責任,說著:「你明明知道我心裡不是這樣想」,更討厭有人惡人先告狀,反問:「我又沒有那個意思,為什麼你要聽成那樣?」

人與人對話時,在相同場景下可以選擇的詞彙有數十種、數百種。我們應該要選擇其中最溫柔、最溫暖的語句來說,因為這世界上不存在「怎麼說都可以」的話語。不能因為彼此的關係親近就隨便說話、口不擇言。希望我們說出口的每一句話都能滿載真心,為了不傷害到對方而努力。

不需要勉強自己
回答失禮的問題

不想要掃興，
想要讓別人開心都沒有錯，
但必須先顧及自己的幸福、
自己的快樂和自己的心。

曾經有一次，我被問到很多令人不愉快的問題。應該要回答，表現出不悅，還是直接忽略呢？腦中出現這三個選項。雖然很想向對方表明他的問題有多唐突，可是今後還要繼續相處，而且對方又是年紀大十歲的前輩。如果是很熟的人，還可以開玩笑避而不談，但我們的關係並沒有那麼親近，於是我當時得出了「應該要回答」的結論。

　奇怪的是，給了對方想要的答案，話題結束了，但我心中卻湧出無限的後悔：「啊，為什麼我要講這個啊！」本以為趕快答完就沒事的我，心情變得極差無比。對於在面對無禮時沒有保護好自己這件事，我感到非常自責。

　心理學家傑佛瑞・楊Jeffrey E. Young在基模療法[1]中，將「基模Schema（也可稱為人生困境）」分為十八種。

　其中我最有共鳴的是關於「他人導向Other-Directedness」的

1　Schema Therapy，由楊與其同事們共同開發，是一種將認知行為治療和精神分析相互結合的心理治療療法。

「服從／屈服 Subjugation」，簡單來說，就是「我會按照你期望的方式做」。從字面上解釋，好像很懂得忍讓和照顧別人，但大前提在於——必須先看見自己的內心。

不想要掃興，想要讓別人開心都沒有錯，但問題是我並沒有顧及自己的幸福、自己的快樂和自己的心。也就是說，我優先考慮的往往是別人的情緒，而不是自己。

傑佛瑞・楊說明了許多人之所以出現服從行為的原因。以我來說，因為小時候一直被大人們稱讚：「你好聽話喔！」、「你是模範生啊」，必須當一個乖孩子，這個渴望直到長大成人依然束縛著我，讓我不太會主動去引導談話的方向，總是為了不傷到別人的心情而選擇迎合。

被失禮的問題連擊時，現場除了我與對方，還有另外兩個人。即便我想直接表明：「我不想回答這問題」，但在那個狀況下，我還是會忍不住擔心讓對方沒面子，覺得我瞧不起他，還讓其他人看到他丟臉的場面、傷他的自尊心。這麼一來，我肯定會得罪那個人、被他討厭。

其次，我也擔心自己感覺很沒禮貌，或是在他人眼中成為一個內向封閉、破壞氣氛又看不懂別人臉色的人，我非常討厭變成這樣。所以儘管想要迴避問題，內心深處的我卻會

因為要求自己：「必須成為一個有禮貌、好相處、善良又有親和力的人」而勉強回答。

　　我不喜歡現場氣氛因為自己變得沉重，所以即使不愉快也只是笑笑帶過。但其實我也會想，那傢伙的顏面算什麼，為何我要把自己的情緒扔進垃圾桶？說話搞不清楚狀況的人是他，憑什麼要我來承擔後果？明明是那個人很差勁⋯⋯但我很怕表現出不高興的樣子掃大家的興，因此始終保持淡淡的微笑。

　　我是為了什麼，才選擇在對方傷害自己時還顧慮他的情緒呢？這就像是被打了還關心對方手痛不痛一樣。即使這件事情過了很久，我還是一想到就懊悔不已。那個人對我說了傷人的話語，我竟然還沒心沒肺笑得出來。

　　自從那天感受到強烈的挫敗感後，我不斷苦惱下次再遇到同樣情況時，該怎麼做才能順利過關。我試著將不開心的程度分成幾個階段。上次的狀況讓我猶豫不決，是因為我起初認為對方的提問只是讓我「有點不開心，但沒什麼大不了」。沒想到實際經歷後卻發現，這讓我「心情非常不好」。判斷錯誤的根本原因，就在於我不夠了解自己。

　　於是我設定一分是最好、十分是最差，如果對方提出的

問題，讓我的「不開心指數」達到七分以上，我就會拒絕回答。「對話」是人與人之間的交流，照理說屬於「文科」的領域，不過我是一個很容易因為言語受傷的人，所以決定稍微以「理科」方式處理，預防事故發生。

此外還有另一個難題，那就是我沒有辦法當著別人的面、直接強硬說出：「我不想回答」。於是為了彌補欠佳的臨危反應，我事先準備了幾種回答方式。

對於不熟的人，我可以委婉加入一些附加前提，例如說：「下次一起喝一杯的時候再聊」、「等我們更熟一點就告訴你」……前提不會發生的機率越高，對我就越有利。雖然我說下次喝一杯再說，但其實我知道、對方也知道，不會有那麼一天。儘管有天真的一起喝酒了也沒關係，因為我的結論是：如果對方為了想聽到這個回答而願意花時間、花錢在我身上，那麼稍微敞開心扉也無所謂。

至於一些稱不上親密，但說不熟又有些共通點的人，我會用溫和的態度，鄭重告訴對方我的情況，例如「我還沒有整理好該怎麼說」、「這件事我沒有打算和別人說」、「等我更確定的時候再告訴你」等，明確回絕對方。

面對讓自己不愉快的刺耳問題，不用勉強回答。如果顧慮對方心情所以難以拒絕時，可以給出一個「不是答案」的回覆。這樣一來，既不會無視對方，也不用強迫自己說出不想公開的答案。

沒有人能成為
所有人的理想好友

有時吃虧，有時佔便宜
才是所謂的人際關係。

朋友值得慶祝的日子，我一次都不曾缺席；周遭的人需要安慰，我一定立刻飛奔到身邊陪伴；哪怕手頭不寬裕，我也願意不動聲色照顧別人；即使有人在我正忙的時候出現，我也會怕對方不好意思而故作悠閒。我對朋友掏心掏肺，但反過來說，如果對方沒有同等對待我時，無論我再怎麼努力正向思考，仍然會覺得失落，這就是人心。

　如果對方還會持續接話倒還好，但假如直接說有事、擺出斷然拒絕的態度時，再多講也是讓人不舒服而已，我只能回答沒關係。

　雖然交友圈並不廣泛，但我一直很看重朋友，所以當被人三番兩次用各種藉口推開時，我忍不住開始懷疑自己：「是不是待人處事的方法錯了？」

　人心往往跟我想的不一樣，這件事讓我很痛苦。我對朋友不差啊！為什麼會發生這樣的事情呢？我希望彼此都能真誠以待，卻始終沒有辦法做到。這讓我很沮喪。但又有什麼辦法呢？我的心和對方的心就是不一樣。

我期望自己付出一百，就能得到一百的回應。不過也許有時吃虧，有時佔便宜才是所謂的人際關係吧！如果連血脈相連、從小一起生活的家人也無法保證公平的付出與回報，怎麼可能要求幾十年來成長於不同環境的人，與自己有著如出一轍的默契呢？

「角色取替能力Perspective taking ability」是指可以推論他人的想法或行動、進而理解他人立場的能力，能夠認知並接納與自己不同的觀點存在。這是發展心理學家尚・皮亞傑Jean Piaget在研究初期提出的概念，這種能力可以讓人在特定情況下換位思考，了解對方的舉動出於什麼想法、現在有什麼想法，以及在這狀況下會感受到何種情緒。

仔細想想，其實我也不是所有人的理想朋友。我一定也曾經讓別人感覺付出得不到回報而失望；或是沒有意識到某些事情在他人眼中的重要性，無意中傷害了對方。我不可能達到每個人心中對朋友的標準，所以我應該也要理解，現在讓我失落的那個人，也許他真的有事，也或許他有難以言喻的理由。有時候早上睜開眼睛、沒來由不想上班時，我也會隨意找藉口使用我的特休假，想來也是同樣的心情吧！

我決定不再為了得不到同等的回報就傷心。失落還是會無可奈何地突然湧現，可是我會盡最大的努力去清空思緒。對方的付出沒有變少，是我擅自讓自己的期待肆意妄為，才導致這些誤會的產生。我的失落並不是對方的錯。

　　在你鬧脾氣時還是不離不棄、用誠摯的心珍惜你的人，再一次聯絡他吧！在你需要時二話不說排開行程、欣然答應幫忙的人；即使無法第一時間抵達，但依然為你帶來光明的人；不用拜託也會主動出現的人，總是願意伸出援手的人……這些值得被深深感謝的人們，我們要更竭盡全力為他們付出。與其花心思討厭某個人，不如將這些心思放在愛某個人上吧！

這不是面具，
是人與人之間
應該存在的禮貌

面對心愛的人，
我希望同樣的話自己不管說幾次、
都能夠同樣溫暖。
我想成為這樣的人。

「到底要說幾次才懂！」

當有人做出我不喜歡的行為時，第一次我會笑著說，第二次會平靜但認真地說，可是如果對方重複第三次同樣行為，我就會忍不住一把火竄上來。跟打棒球一樣，兩好球之後，再來一個好球就三振出局。

第二次還可以好好溝通，但只要到了第二次，我的忍耐就達到極限。尤其是面對心愛的男友，我覺得有些事算了沒關係，但也有些事正因為相愛，更不應該反覆上演。我這樣認為，對方卻沒有同樣的想法，總是不經意提高音量說話，事後才後悔又對我發了脾氣。

「拜託妳不要生氣，這是最後一次了。」

我不是完美的人，不過對方在意的事情我都會牢牢記在心裡、也努力不再犯，可是那個人卻總是立刻拋到腦後、一再對我大吼大叫。這種個性上的摩擦對我來說相當陌生。我們倆人都不喜歡爭吵，但不爭吵就無法改善，我不知道該怎麼克服這種矛盾。

我向結婚二十五年的大舅舅傾訴戀愛的瓶頸。

「舅舅，我男朋友不斷重複做一些我很討厭的事，這種時候該怎麼辦？我能忍受兩次，但第三次就真的忍不下去了！他明明說自己不喜歡吵架，卻總是讓我們陷入不得不爭吵的情況。」

聽完我的煩惱，大舅舅傳來一則很長的訊息，說他可以理解我的心情。

「明明面對外面那些遠低於我標準的人，我都能夠試著理解、笑一笑就過了，面對心愛的另一半卻沒辦法。我覺得她可以這樣做、應該那樣做，不知不覺用很高的標準審核她，說話也越來越尖銳。現在的我，會努力用比對外人更寬容的態度來對待家人。因為我覺得自己既然在外面做得到，沒道理回家反而做不到吧。」

可能因為我是理論強、實戰弱的類型，儘管頭腦理解大舅舅的意思，內心卻不太能接受。我反問舅舅：「可是，如果是因為同樣的話我已經說三四次了，他還是一直重複同樣的行為，才讓我說出難聽的話呢？」

大舅舅沒有正面回答我的問題，而是設了一個目標：「面對心愛的人，我希望同樣的話自己不管說十次、三十次，都能夠同樣溫暖。我想成為這樣的人。」

韓國歌手Sean上電視節目時談到「十五年來沒有和妻子吵過架」，這件事讓全國觀眾都相當震驚。聽到這裡，坐在他對面的演員金守美不禁開口：「夫妻在生活中經常有衝突，如果太太做出你不喜歡的行為呢？」Sean的回答是「等待」。當意見不同時，雙方通常都會堅持己見、試圖說服對方，而這個過程往往就會演變成爭執。

　　但Sean會選擇等待，直到對方不再覺得自己的意見是「固執」、「歪理」，接受這是不同的「想法」為止。不過，如果等了很久太太依然堅持自己的主張，Sean就會轉念接受「太太是對的」。

　　聽到Sean的這番見解，諧星崔陽樂一下子站了起來，提出假設情況：「把你非常寶貝的筆記型電腦砸壞了也沒關係嗎？」Sean一臉那真的沒什麼大不了地說：「對啊！」崔陽樂反問他：「這是你最寶貝的東西欸，真的不在意？」這時Sean只用一句話就讓現場所有人紛紛點頭：「哪有什麼東西比太太更寶貝？」

　　我覺得大家好像替「三」這個數字套上了框架。可能是因為我們很習慣三局定輸贏，所以只要超過三次就會強烈認定：「已經到底了！」有些事情對方一次就改得過來，也有

些事情需要花很長的時間調整，每個人都不一樣。這不是我能決定的，而是取決於那個人的能力，但我卻照自己的意思判斷並劃清界線說：「同樣的話不要讓我說三次。」

面對只會短暫相處的人、也許此生只見一次的人、算不上親近的人，我每一句話都說得小心翼翼、刻意面帶微笑到嘴角快要抽筋的地步。但面對我最愛也最愛我的人，卻不斷擺出攻擊性的尖銳態度。我在社會上遇到任何人，都絕對不可能用那樣的語氣和聲調說話，為什麼對待最應該珍惜的人，卻說出那些粗魯的話呢？

「雖然我這麼說，但你應該知道我心裡根本不是這樣想的吧！」、「你知道我本來不是這樣的人，肯定能理解我吧！」……原來人會帶著這種安逸的想法輕率地在別人心中留下滿滿的傷痕。儘管我也曾心想：「我們的關係這麼親密，還要戴上面具嗎？」但這不是面具，是人與人之間應該存在的禮貌。

當心愛的人因為同一件事讓我傷心時，我不想再咄咄逼人：「這我上次已經說過了！」我希望能用溫柔的心理解對方：「原來這不是一次就能改變的啊！」

無論是十次還是一百次，我都應該要用和一開始同樣的語氣來對待他。因為即使忍耐了一百次，假如在第一百零一次斥責了對方，那一次的後悔就會蓋過之前一百次的忍耐。

我不會自己
擅自期待，
再擅自失望

不能因為自己畫了草稿，
就希望別人按照線條上色。

「你也要生一個像你這樣的孩子。」

這是韓國父母經常掛在嘴邊的台詞之一。以前總是不加思索回答：「嗯，一定會的！」但是現在想想，沒有比這更可怕的詛咒了。我從來不是能夠乖乖聽從這些話長大的溫順性格，但是不知道從什麼時候起，這種不圓融的個性卻成為了我的自卑感。如果真的要算起始的時間點，那大概是從我開始談戀愛的時候。

到目前為止的每次戀愛，提出分手的一方都是我。雖然每次面對的人不同，但分手的原因都是同一個。假如我感覺到自己讓對方很辛苦，心裡就會浮現陰影：「我希望他除了我之外，能遇到一個更好的女生。」而沒辦法再繼續愛著那個人。光看這段文字描述，可能會讓人懷疑是什麼電視劇裡悲情女主角的台詞，但那種朦朧的美感真的連一丁點都沒有。只要看到對方在我身邊苦惱的樣子，我的內心就會非常煎熬，彷彿成了罪人般的心情讓我難以呼吸。

在心理學家傑佛瑞‧楊提出的十八種基模（人生困境）裡，有一種是「缺陷／羞愧 Defectiveness, Shame」。這樣的人深信自己是一個缺點很多、沒有資格被愛的人，因為不可能有人會願意接納自己真實的面貌，一旦被別人知道了真正的我，那個人肯定會失望離開。

他們認為自己是「泡沫」。

懷有這種信念的人會為了不讓自己的真實模樣被發現而隱藏自我，而且具有過度低估自己的傾向，即使受人稱讚也無法欣然接受，反而出現反效果。另外，還會不斷跟別人比較，把自己貶低成不起眼的人。

從缺陷迷霧裡將我拯救出來的人，是我現任的男朋友。雖然我長大之後性格圓滑許多，可以理解的範圍也變得更加寬廣，但是比別人更敏感、情緒更容易起伏的部分，卻依然是個客觀的事實。

有次我和男友在家一起看愛情劇的時候，出現男女主角爭執的畫面，我突然感到好奇而詢問男友：「我有時候變得很敏感、或是心情起伏不定的時候，你不會覺得相處起來很吃力嗎？」

男友連一秒也沒有思考，很自然地脫口而出：「妳有很敏感或心情起伏不定嗎？」

連我自己都覺得應該改掉的差勁個性，他怎麼可能沒注意到？這讓我很納悶。

「就算是這樣，要是我的個性平易近人一點，相處起來不是更輕鬆嗎？」

男友輕易搬動了我心底的重石：「難道我們是為了相處輕鬆才交往的嗎？是因為相愛才交往的吧！妳是什麼樣子都沒關係，我並不是只愛妳的某一部分，我是愛著妳。很多事情如果不在意的確會比較輕鬆，但是那樣的妳就不是妳了啊，那就是別人嘛！（笑）我想愛妳，不想愛別人。所以妳不需要試圖改變性格。硬要改變自己做不到的事，只會讓自己生病而已！」

男友說「失望」不是對方的問題，是自己的問題。不能因為自己畫了草稿底圖，就希望別人按照那些線條上色。自己隨意抱持的期待，正是失望的根源。

無論再怎麼為人著想的人也仍然是「人」，最終還是會以「自己」為標準。當我的車以時速三十公里行駛時，如果旁邊的車時速六十公里，即使不算快我也還是會覺得：「那

輛車開得好快啊！」相反地，當我的車以時速一百公里行駛時，前方的車就算同樣是時速六十公里，我也會心想：「啊，那輛車為什麼開得那麼慢？」

以「自己」為標準時，看對方的角度會跟著產生變化。男友說，當心裡湧現不滿，認為：「為什麼你這麼慢？」的時候，應該要回頭看看自己：「不是那個人太慢，而是我太快吧？我慢慢走不就行了嗎？」他告訴我，這就是他不對別人感到失望的祕訣。

「如果我讓那個人失望或傷心，變成一個壞人怎麼辦？」我跟人相處的時候內心時常冒出這樣的恐懼。所以我總是費盡心思掩蓋自己的真實面目，儘可能表現出符合社會觀感的模樣。但是根據男友的說法，對方的失望不是我的錯，而是對方自己的責任。

這個說法讓我感到安心、覺得心裡有了依靠。

「我不會自己擅自期待、再擅自失望。」

這是我這輩子聽過最溫暖的話。

年齡沒有
賦予任何人
刻薄的權利

我現在做得到，
但將來不懂的事也會越來越多。
沒有人不會老。

我媽媽傳來了一則訊息：「宥美，媽媽從朋友那裡收到了手機鈴聲的禮物，我不知道該怎麼設定耶！」

　　只要點選連結就能下載鈴聲，但不是光下載就好，還要先安裝應用程式，然後在應用程式裡進行設定才能開始使用。我擔心解釋得太簡略媽媽會不懂，於是寫下每個步驟、詳細到有點誇張的程度。我用有點枯燥的口吻告訴媽媽：「媽，妳就照著我寫的做，先在 Play Store 下載那個應用程式，點選接收禮物之後，在設定裡按下連結就可以了。」我收到媽媽的回覆：「嗯，知道了。謝謝女兒！」

　　我以為這件事就這樣順利解決了，但是幾個月後回老家過節時，媽媽又把手機拿出來問了同樣的問題：「宥美，媽媽的朋友送我手機鈴聲當禮物，我不知道該怎麼設定耶！」

　　同樣是上次那個應用程式，也同樣是那首歌。

　　因為媽媽不知道怎麼換鈴聲，所以當時並沒有設定成功。我語氣不耐地問她：「上次不是告訴妳了嗎？為什麼那時候沒有設定呢？不會換的話怎麼沒有再問我呢？」她說：「我看也看不懂。鈴聲又不是多重要。」媽媽的那句話讓我心

裡快爆炸了。不管再怎麼不懂都可以做到吧！明明只要按幾下就能解決，我實在難以理解為什麼做不到。

「媽媽，如果不知道就都試著點點看嘛！我也不太懂手機啊，只是在網路上找教學照著做，一邊試一邊學。」面對我的數落，媽媽沒有多做解釋，只是笑嘻嘻回說：「謝謝妳幫我換喔！」

　　幾個月後，我到戶政機關辦理申報所得稅所需的文件。雖然可以抽號碼牌、直接到櫃台向行政人員申請，不過這樣的話要等非常久，所以使用自助機台會有效率得多。為了讓大家更方便操作，自助機台旁的指示也說明得相當清楚。

　　我在排隊等待機台時，前面一位五十多歲的阿姨似乎有些尷尬地搖了搖頭。我曾經聽別人說過，給予對方不想要的幫助也是件失禮的事，因此我靜靜站著看手機。但過了五分鐘，那位阿姨還在原地，直覺告訴我一定有哪裡出了問題。我一邊納悶：「申請文件需要這麼久嗎？」稍微抬頭一看，立刻就明白了原因。

　　點選需要的文件之後要輸入個人資料，然後進行指紋辨識確認本人身分，但那位阿姨卻卡在指紋辨識的階段。原本應該在機台右側「指紋辨識區」的地方壓上指紋，可是阿姨

卻豎起大拇指、不斷按壓螢幕上顯示的「指紋圖示」。螢幕上的畫面正中間以大字寫著「請輸入指紋」，下面還有紅色的指紋圖，如果是我應該也會想把指紋按在那裡試試看吧，跟手機的指紋辨識是直接壓在液晶螢幕上一樣。我小心翼翼對阿姨說：「請問需要幫忙嗎？那個，手指不是放在那裡，要放在這裡喔！」阿姨聽了我的話就說：「哎呀，原來如此！」並移動了手指的位置，不到三秒就完成了指紋辨識。阿姨不好意思地對我說：「唉，最近要是沒有年輕人就什麼都做不了呢！謝謝妳啊！」

　　我在朋友們的群組裡提到了這件事：「我今天去了戶政機關發生了這樣的事，讓我心裡滿難過的。我知道機器化能夠提升效率，可是這些對長輩們來說實在太難了，我開始反思這麼做到底是對還是錯。雖然阿姨笑笑的，但如果站在那不知所措的是我，應該會很挫敗吧！居然連這點小事都做不到⋯⋯」

　　其中一位朋友對我說的事深有同感，立即回覆：「我媽媽很喜歡吃漢堡，但最近如果沒有我，她就完全不吃漢堡了。因為現在速食店都換成自助點餐，雖然跟店員說也會有人幫忙，但還是覺得不太好意思吧！」

因為不會使用自助點餐機而沒辦法吃到自己喜歡的漢堡。聽起來怎麼會這麼令人難受。看到這句話，我差點掉下眼淚，然後腦海中立刻浮現出媽媽滑手機的樣子。

　　「免費得到鈴聲有什麼用。我又不會設定。不過還好有女兒幫我處理，真好！要是沒有女兒的話就沒辦法換了。」

　　我那個時候對媽媽說話的口氣不該那麼差。媽媽肯定也察覺到我心裡覺得「為什麼連這件事都做不到？」的煩躁。我以為自己生活的世界就是全部，太過於狂妄了。我深深反省了自己的態度。

　　朝鮮王朝的學者李珥先生，曾經在他的著作《擊蒙要訣》中寫下這麼一段：「天下所有的東西中，沒有什麼比我的身軀更珍貴。而這副身軀是父母給的。」

　　是父母讓原本連脖子都抬不起來的孩子變得可以奔跑，是父母把好不容易才會咿咿呀呀說話的孩子栽培到還能說出外語。即便年紀太小的事記不得了，我也可以肯定父母絕對不曾嘲笑我：「喂，妳連自己的名字都寫不出來嗎？」，而是一筆一畫耐心教導，就算我把字寫反了也不會責怪我，還幫我準備很多的紙練習。我光是寫出自己名字的三個字，可能就需要好幾百個小時，但是我卻忘了父母對我的耐心而變得

驕傲自大。不會更換鈴聲是一件很正常的事，不會更換也沒什麼大不了的。隨著年齡慢慢增加，接受新事物的速度本來就會變慢，然而我卻只意識到別人年紀變大，沒有意識到自己也正在變老，變得心高氣傲。

　　儘管父母和我的年齡相差很多，但我們都同樣處於年紀越來越大的處境。也就是說，即使世代不同，我們仍然是一起度過有限人生的隊友。有不懂的地方彼此教導、學習，有做不到的地方彼此幫助、共同完成。我們每個人都在變老，沒有人可以仗著年齡優勢擺出刻薄態度。

　　要是我繼續自大認為：「為什麼你做不到那件事呢？」、「為什麼你不知道這個呢？」，老了以後一定會非常後悔。我知道我現在可以做得很好，但也知道將來我不懂的事會越來越多。沒有人不會老。

被人討厭，
也正被更多人喜歡

當這些人開始
抵制你的時候，
就表示你真的做得非常好。

跟我關係很要好的姐姐Z在公司考核中獲得了很好的評價，不但年初時順利調整年薪，公司還以姐姐為中心設立了一個新的部門。因為我知道這位姐姐前一年在公司過得戰戰兢兢，所以看到今年一開始事情就有慢慢轉好的跡象，我由衷替她感到開心並傳了訊息恭喜她。不過她的回覆裡卻流露出淡淡的苦澀。她說她跟本來很要好的同事們之間好像忽然有了一道很深的隔閡。

　　同事們會說：「Z妳真是厲害。說不定是因為妳，我的人事考核才會糟糕成這樣。對照起來差太多了，真的不能和Z一起工作」、「妳這麼得主管歡心的祕訣是什麼？是不是私底下跟部長們做了什麼？不要只有自己平步青雲，也告訴我嘛！」表面上像是在道賀，字句裡卻滿滿都是傷人的刺。

　　姐姐Z說如果只是講話這樣，還可以安慰自己不要多心，然而沒辦法晉升的同事們每次吃飯都獨獨把她排除在外，做出各種明顯的排擠行為。不用想也知道，他們一定會趁姐姐Z不在場的時候，在背地裡說盡各種閒話。

我說：「看來姐姐在公司表現得非常好吧！」

Z反問我：「這是什麼意思？」

「妳知道那些人會說這些話的原因嗎？因為除了閒話，他們也沒有別的好說了。有些人看到妳的表現會受到激勵而更加努力，覺得自己和妳的年齡、資歷差不多，公司願意給妳這種待遇，自己也要更拚命才行！受到這些刺激而奮發向上的人，是因為他們本身具備了實力和從容的心態。

但是那些能力不足、內心狹隘的人卻沒辦法做什麼，他們只能貶低妳、動搖妳，因為他們能做的也只剩下這個而已。簡單來說，就是懷著『我做不好，所以妳也不准做好！』這種壞心腸的人吧？當這些人開始抵制妳的時候，就表示妳真的做得非常好。」在我的安慰之下，姐姐Z一股腦說出各種擔心，像是沒把握自己能不能勝任新部門的工作、在同事之間被貼上標籤該怎麼辦、轉換部門後還是有很多事情需要合作，關係不能鬧得太僵……

Z陷入了糾結，我便邀約她出門看展覽。

我問她：「妳覺得這幅畫怎麼樣？」那幅畫塗滿了各式各樣的顏料，一下子就能吸引住人們的目光。

「還算不錯，但感覺太像是用來拍網美照的作品，說不

上是好是壞。」

我雙手抱胸提出了和姐姐Z相反的意見：「我反而因為它很適合拍網美照，所以很喜歡。可以拍照留念，也可以有宣傳效果。這幅畫既直觀又簡單。對於像妳一樣經常看展覽的人來說可能會覺得：『這是什麼啊？』但是對於不了解美術的我來說，這類型的畫比起抽象作品更能觸動我。」

Z點點頭，覺得我的話似乎也頗有道理。

「但是姐姐，我認為我們應該活得像這幅作品一樣。」

Z噗哧一笑，看著我提出疑問：「我們怎麼有辦法成為一幅作品？」

我平靜且真誠地接著說：「來這裡的人看的都是同一幅作品，但是有些人說它很好、有些人說它不怎麼樣。明明是一樣的東西，有些人可能會試著去理解創作者的理念，也有些人對這些完全不在意就直接批評，有些人按照自己的想法解釋，也有些人會給出比創作者更有道理的註解吧？可是這幅作品不會隨著人們的品味而改變，只是掛在牆上而已。」

在電視劇《來自星星的你》中，擁有一切的韓流女神、超級巨星千頌伊由於陷入某場風波而跌落谷底。粉絲們不再支持她、跟經紀公司續約失敗、正在拍攝的電視劇主要角色

也被換掉，還要賠償之前拍的廣告違約金。在這段過程中，千頌伊還看到唯一的朋友劉世美本來的面貌。世美從國中開始就和頌伊是朋友，但是在工作上、愛情上都輸給了頌伊。雖然世美也喜歡頌伊，卻因為嫉妒心越來越重，而在頌伊面臨危機時亮出了原本藏在身後的那把刀。

遭到背叛的頌伊冷冷地問她：「妳有沒有把我當成朋友過，哪怕一次也好？」

世美冷笑著說：「一次也沒有。」頌伊立刻從座位起身，結束了這段友情。

「我這次摔到谷底心情常常很糟糕，不過還是有一點好處。人一下子就被分得很清楚呢！真正站在我這邊的人，和假裝站在我這邊的敵人。」

以前的我覺得，在艱難的時候還願意留在身邊的人才是「真的」，因為他們看到不怎麼樣的我也不會不屑一顧。然而隨著年齡的增長，漸漸覺得「祝福」比「安慰」更難得到。安慰陷入悲傷的人的確是件困難的事，可是不去嫉妒比自己更優秀的人、真心獻上祝福，卻需要更多的努力。

單獨的一個點往往最引人注意。在做滿五顏六色記號的筆記本上畫一個點，根本不會被發現；但如果在空空如也的

筆記本上畫一個點，想不看到都難。如果某人對你的厭惡佔據了你所有的注意力，那也是一種其實你人緣很好的證明！因為我深受身旁的人們喜愛，所以那單獨一點的厭惡才會如此顯眼。

只是立場不同，
不需要試圖理解

不要對人感到好奇。
越是討厭的人
就越不要在意他。

我的書出版在即，原本已經決定按照行銷會議上整合的意見進行，不過卻有人一再引發事端。如果是不小心發生的失誤，還可以輕鬆帶過，可是有些事我已經特別提出、多次拜託大家注意了，卻沒有得到任何改善。剛開始對方溫和向我表達歉意，說因為事情是人在處理，難免出現意外狀況；然而過了好幾個月，問題依然沒有解決，我心裡漸漸浮現不滿：「是因為我太輕易妥協，才覺得我好欺負嗎？」

　後來某天，我和好久不見的大學教授一起喝咖啡時收到了一封郵件。我擔心是重要的工作信件，所以徵求教授的諒解後立刻打開信箱確認。當看到預覽窗格上出現那位行銷人員的名字時，我緊緊地閉上了眼睛：「拜託不要再出什麼差錯了！」可是為什麼不祥的預感總是那麼準確呢？因為他在完全沒有經過討論的情況下擅自決定了某些事，結果導致行程上出了錯。這明明是一件大家說好要共同協議、一起努力的事，我真的很討厭那個讓士氣低落的人。因為太難過了，我便向坐在面前的教授訴苦：「這個人到底為什麼要這麼

做？」、「這個人心裡在想些什麼？」、「我到底該怎麼做才有辦法配合這個人？」

教授聽我講了好一陣子後，幫我下了一個結論：「看來妳很喜歡那個人吧！」

「啊？我嗎？才沒有。那個人讓我多痛苦啊！」

「可是只聽妳說的話，就像是妳很喜歡那個人一樣。」

「我說的話怎麼了？」

「妳很在意那個人嘛！他為什麼這樣說呢？他為什麼那樣想呢？我要怎麼做才不會跟他發生摩擦？如果把前後的內容都剪掉、只聽妳說出來的話，不就是戀愛諮詢嗎？」

「那個……」

「不要對人感到好奇。越是討厭的人就越不要在意他。妳再怎麼想也找不到答案的。覺得討厭就表示他跟妳不合，不合就代表他和妳在相反的環境下長大。那個人過去生活的數十年歲月，妳是無法理解的。」

「對，我覺得我們好像真的不合。」

「就像妳有妳的立場一樣，他也會有他的立場。或許我到他那裡去聽聽他的說法，大概就能理解了吧？只要記得各自都有自己的立場，想到這就好。不要試著同理對方，也不要試著理解對方。」

「這樣能解決問題嗎？」

「這樣就不會那麼生氣。情緒不那麼強烈時，看事情的眼界會比較開闊。儘管不一定能解決問題，但至少解決問題的機率會比處於生氣狀態的時候來得高。」

接著教授提到有關他女兒的趣事。教授每到週末都會放下自己想在家休息的心情，儘可能和家人一起去旅行。教授猜想太太和女兒一定很開心，不但沒有找朋友喝酒喝到很晚，也沒有整天閒著、待在家裡看電視，而且還自己排開行程，開車載著家人前往目的地。他以為家人們理所當然會喜歡這個為了家庭而付出的先生和爸爸。一直到他問女兒「跟爸媽一起去旅行很棒吧？」之前。

女兒說：「我討厭旅行，又累又辛苦。爸爸每次都把行程安排得太緊，媽媽也常為了這個發脾氣。」

教授忍不住反駁：「但妳每次出去玩都很開心啊！」

結果，教授想盡辦法要說服女兒的努力化為泡影，得到了一句充滿挖苦的回答：「我以為爸爸喜歡旅行，才一直跟著你的耶！」

教授說他聽到這句話時十分驚慌失措。就像這樣，爸爸和女兒之間也有各種不同的立場。

上班族的 15 大不可思議

1. 那個人為什麼還沒被公司炒魷魚？

2. 為什麼今天才星期三？

3. 既然最後都要照他自己的想法做，為什麼還要交代我？

4. 不是啊，到底還要讓我說多少次？

5. 那個人究竟是怎麼進這間公司的？

6. 這個月沒花多少錢，怎麼戶頭就空了？

7. 那種人也有交往對象！？

8. 明明很累，為什麼睡不著？

9. 他怎麼又在發神經？

10. 明明是他自己說過的話，為什麼會不記得？

11. 為什麼每次一到要調薪的時候，公司財政就會變得困難？

12. 負責人為什麼每次都剛好在我找他的時候不在？

13. 為什麼工作統統都會擠在下班前一個小時湧過來？

14. 我們不是一起進會議室開會的嗎？為什麼還要問我？

15. 我什麼都還沒做，居然就已經到星期天晚上九點了？

（ⓒ為你讀故事的女子）

上面列出來的清單，是一篇我上傳到社群媒體上、獲得超高回應的貼文。可能有些人已經發現了，在這十五個項目中，大部分都是因為我的立場和對方的立場不同而產生的疑問句。我看到好幾千人對這些疑問深有同感時，就會覺得：「原來不是只有我感到鬱悶，大家都是這樣生活的啊！」這樣想之後心裡輕鬆了許多。這讓我知道我所經歷的事相當稀鬆平常，那些荒唐行徑也只是因為彼此立場不同才會發生的事情，我可以更從容地面對。

　　「唉，不要計較吧！那個人也是為了混口飯吃才那樣。」在這之前，我一旦與人產生摩擦，就會試圖理解對方的心情、努力想同理對方。但是我後來發現，自己心情很差的時候，與其費盡心力緊抓著這份爛心情，不如想著：「那個人應該有他自己的理由吧！」後拋到一旁，反而會更有幫助。

　　求不出解法的關係，只要想著各自都有自己的立場就好。紅色就是紅色、藍色就是藍色。我們不會問：「為什麼那個要叫紅色呢？」同樣地，只要告訴自己：「那個人就只是按照他的方式在生活而已。」畫上句號，把他從腦海中送走吧！

那個人說的話，
是禮物還是垃圾？

身邊的人常常說出
不中聽的話，但你可以決定
你要有什麼感受，
因為你的心是屬於你的。

我有一位朋友Ｇ，他人很好，就是講話不好聽。如果他光明正大攻擊我，那我也可以堂堂正正反擊，但他就像走鋼索一樣有驚無險踩在邊緣上，要是我一不小心被激怒，反而會被認為是太敏感。雖然我很想知道是不是只有我才會因為Ｇ的話受傷，不過又覺得問其他朋友這個問題，好像是在背後說人家閒話，因此我從來沒問過。每次跟他聚餐回家的路上，心裡的不舒服總是揮之不去，所以後來只要有Ｇ在的場合我越來越少參加。以前我都是主要發起人，後來就開始找各種藉口逃避聚餐；原本在群組裡都是由我負責活絡氣氛，但現在也慢慢變安靜，其他朋友似乎都察覺到了這點。因為除了Ｇ以外，我的其他朋友都是溫柔又觀察力敏銳的類型。

　「妳是因為Ｇ才這樣吧？」朋友Ｊ也是時常聚餐的成員之一，某天他私底下傳訊息問我。如果回答「對啊！」似乎坦率過了頭，但如果回答「不是」，接下來又說不出其他理由。
　「也不能這樣說啦，應該說我的個性跟大家比較不一樣～你也知道嘛！我不是那種可以包容所有人的圓融個性。

是我自己的問題！」

　　我稍微轉個彎說話，也希望大家不要再要求我出席。

　　J立刻回覆：「其實大家都沒那麼喜歡G。可能因為最近被他盯上的是妳，才這麼過分吧！他以前也曾這樣對我。」

　　雖然我也感受得到他對其他朋友沒什麼禮貌，但大家都是一副「這沒什麼」的樣子，嘻嘻哈哈帶過。所以每次聚餐我都很懷疑：是不是只有我跟這群人不合？只有我覺得他的行為讓人不舒服嗎？……可能是我跟大家不一樣吧……

　　「妳知道他為什麼對妳特別過分嗎？因為只有妳會搭理他。換個角度來說，只有妳把他當朋友，我們都直接不理他。放著吧！別管他。他到後來撐不住就會自己放棄。」

　　印度知名的瑜伽大師薩古魯Sadhguru在某次演講中說：「生氣是你的感受。你感到生氣的那件事並不是你引起的，但是你卻覺得生氣。你喜歡生氣嗎？你很討厭啊！那為什麼討厭還是要生氣呢？（笑）身邊的人常常說出不中聽的話，但你可以決定你要有什麼感受，因為你的心是屬於你的。你心裡應該只發生自己希望發生的事情，但你卻讓對方來決定你的心。那明明是你的心。我要感受到什麼樣的情緒，應該由我自己決定。假如你可以在面對同樣的情況時，決定自己

的感受，難道你還會選擇憤怒嗎？還是會選擇開心呢？」

　　字典裡「主人」這個詞的意思是：「擁有某個對象或物品主權的人」。我的內心、我的想法、我的心情、我的表情、我的一天，我所有東西的主人，應該都是我自己。然而實際上在發生狀況時，我們卻總是讓出主導權，使對方掌控我們。當對方說出無禮的話時，我們只需要「哼」的一聲無視；當對方做出荒謬的舉動時，我們也只要說一句「在幹嘛？」然後略過就行了，可是我們卻把那些垃圾當成神主牌一樣抱著它、珍惜它。別人贈送的禮物可以放在心上，但別人丟過來的垃圾就應該丟掉；然而，我們卻把禮物堆在角落、把垃圾放在心上。

　　當別人或情緒牽動你的時候，不要當成拔河比賽一樣拚個你死我活，最聰明的做法是當場丟下繩子。抱持著「OK！你的人生是你的，我的人生是我的！」這種心態，放下握著繩子的手，這樣一來，往後倒的反而是對面的人。

　　當別人無禮對待你時，就說「唉唷，這是垃圾！」然後丟掉吧。何必勉強自己觀察已經發臭的垃圾，邊拆邊想：「是我的錯嗎？」、「是我的問題嗎？」、「我要改變嗎？」。垃圾，就只是垃圾。

嘮叨背後真正的原因

拆掉「因為愛」的漂亮包裝，
嘮叨只不過是自己看不下去、
想趕快解決一切而脫口說出的
尖銳言語。

男友原本就有辭職的計畫，不是為了跳槽到其他公司，而是希望轉變工作型態，當一名自由工作者。

每當身旁的人表示「想當自由工作者」的時候，我大部分的回覆都是：不建議。因為我已經清楚知道自由工作者的生活是怎麼一回事，即便到現在我也還是認為，如果能在公司上班最好繼續上班。不過男友的決定並不莽撞，也不是空口說白話，他以前的工作是負責搜集並編輯各種故事，本身就很適合自己接案，除此之外，他的能力與誠信也備受肯定。所以基於對他的信任，我很支持他離職。

不過在轉當自由工作者三個月之後，男友的事業並沒有如預期上軌道。一般到這個時候，做出來的成果應該已經達到一個平均值，賺取一定程度的收入。但事實卻出現了不小的落差。儘管我們都知道不可能一口吃成一個胖子，可是市場反應比預設的最壞情況還要更糟，我們的心情變得沉重黯淡。我們並不是合夥關係，這單純只是他一個人的事，我的心卻很難受。

「早知道我就建議他繼續上班」、「早知道我就評估得更保守一點」……我覺得男友的人生藍圖好像被我搞砸了。自從有了這種內疚後，我發現自己的嘮叨指數突然之間暴增。

我自己很不喜歡聽別人嘮叨，所以通常對另一半也不太會嘮叨，但現在我連瑣碎的小事也一直唸個沒完。「不是啊，不能那樣做！只要再注意一下細節的話就能提升品質嘛！」、「不是啊，這是我上次告訴過你的，你忘了嗎？所以我才叫你做筆記的啊！」就像這樣，我在每句話的開頭都加上了讓人煩躁的「不是啊」。

「嘮叨」這個東西，聽的人累，講的人其實也累。我知道這些話對我們的關係沒有任何好處，可是為什麼還是忍不住說出口呢？聖誕節的時候，我們兩人一邊喝著紅酒，一邊說出了彼此的真心話。

「我最近變得很愛碎念吧？對不起，我也不想這樣，但是話卻總是從嘴巴裡冒出來。每次嘮叨完我都很後悔。我本來不是這樣的，怎麼就變成這樣了呢？」

男友告訴我，我的嘮叨裡有答案。

「妳好像無法忍受『我感到痛苦』這件事，希望我不要那麼累才說那些話。但其實作為當事人的我還可以忍受。」

我們每個月都會一起檢視當月的成果，如果出來的數據不好看，眼前就會出現一張十分受傷的臉龐。而且受傷的原因是出於對我的愛。「我得做得更好，買好吃的東西給她」、「我得多賺一點錢，帶她去好玩的地方」、「我一定要成功，買她想要的東西給她」……我知道他的想法，所以看到他受傷的樣子讓我更加煎熬。難以忍受的我，一心想盡快把他從那個深淵中救出來，結果說出了難聽的話。

　　我總以為藏在這些嘮叨背後的真實想法是：「希望我愛的他過得幸福」。然而這只是我的立場罷了，拆掉「因為愛你」的漂亮包裝，嘮叨並不是為了對方好，只不過是自己看不下去、想趕快解決一切才脫口說出的尖銳言語。

　　我們不需要試圖去解決對方的困境或情緒，所有的事情都唯有經過本人自己好好消化才有意義。即使摔倒也是自己摔倒，即使受傷也是自己受傷，如此才能學到：「原來這種程度的搞砸沒關係啊！」然後變得更堅強，並產生邁出下一步的勇氣。假如每次都有人幫忙完成作業，無論獲得的成績再好，下次仍然會在面臨一點點的考驗時癱軟在地。先從低階段的事物開始逐步熟悉，等進入下一個階段後才能成為「足以解決任何難題的人」。

如果有人想侵犯或剝奪自己的自由，就會產生反抗的心理，為了維護自由而採取相反的行動。簡單來說就是「青蛙般的叛逆行為[1]」。本來想打掃，可是一聽到別人叫我打掃就突然不想做了；父母越是反對倆人的交往，彼此就越想在一起，這種心態就是「心理抗拒 Psychological reactance」。被人命令的事情就不想做，受到禁止的事情就更想做，這種微妙的心情想必每個人都曾經歷過。既然如此，在一旁看著覺得鬱悶而想插嘴的時候，不如就稍微閉上眼睛等待一下吧。

事情發生的當下，最煩悶的其實是當事人。不用別人多說什麼，他腦中已經夠混亂了，這時就別再一旁搧風點火、破壞關係了吧！應該這樣做才對、那樣做才對的這些判斷，最終也只不過是「我認為」而已，不是這世界的正確答案。

1　韓國人多用青蛙來表示叛逆。源自韓國知名的故事，主角是一隻凡事都和媽媽作對的小青蛙，媽媽過世前為了不讓小青蛙跑到江邊，刻意說反話，告訴小青蛙自己想埋葬在江邊。結果小青蛙卻意外聽從媽媽的遺言，此後每次下雨都擔心媽媽的墳墓被水沖走而哭泣。

溫柔並不是與生俱來的能力，

而是努力而來的。

從口中說出的溫柔話語，

是我們為一段關係傾注心血的證明，

所謂的「言語」，

就像用耳朵在聆聽一個人的誠意。

PART 03

工 作

我們可以選擇
更好的世界

我心目中真正的大人

那些微小的善意，
最終還是會回到我自己、
我的家人，
和我周圍的人身上。

我的第一份打工是在烤肉店。烤肉店從下午四點開始營業，我上的是三點上班、九點多下班的晚班時間。在當時的員工當中，我是最晚進來的菜鳥。有一次在店裡最忙碌的尖峰時刻，有人點餐點錯了。

　客人點的是原味排骨，卻不小心寫成調味排骨。因為店裡的點餐方式是用手寫，如果不是本人就不會知道犯錯的是誰。　起工作的工讀生包含我在內共有四個人，但老闆娘和廚房阿姨都篤定認為是我，對我說一些莫名其妙的話。儘管那時餐廳非常嘈雜，可是她們訓斥我的聲音還是響徹了整間餐廳，餐廳裡的其他工讀生也頻頻看向我。那張訂單並不是我接的，而且也沒辦法知道是誰，為什麼她們能夠斷定是我犯的錯呢？是因為我比較好欺負嗎？我心裡委屈到幾乎快落下淚來，但要是再多加解釋一定會延長這場紛爭，因此我只是低頭默默聽著。

　現在回想起來不是什麼大事，然而對於小小年紀第一次進入社會的我來說，這絕對不算是小事。太過丟臉，也太傷

自尊心了。後來我就這樣在精神崩潰的狀況下繼續工作，結果一不小心灑出湯汁、濺到了客人掛在椅子上的針織外套。雖然我立刻穩住重心，湯汁只是稍微溢出來，但這是我生平第一次在客人面前犯錯，當下完全不知道該怎麼辦。我臉色發白、低著頭不斷道歉，也表示願意賠償洗衣費給他。我做好心理準備，不管他多大聲罵我、我都會一概承受，視線緊緊盯著地面。

結果客人的聲音非常溫和：「只是稍微沾到而已，這種程度用洗衣機洗一下就乾淨了，沒關係的。」

吃飯吃到一半，衣服被服務生失手噴到髒汙，任誰心情都不可能好。即使嘴巴上說沒關係，心裡也不可能真的沒關係。我覺得只要再多說幾次對方就會接受我的提議，於是一再表示願意賠償他洗衣費，不過客人一直拒絕，最終在相持不下的拉鋸戰中獲得了勝利。

那位客人要離開的時候，我比其他工讀生更快站出來幫他結帳，因為我想要再次向他道歉。拿著客人結帳的卡片時，我低頭道歉說真的很對不起，那位客人從錢包裡拿出一萬韓圜（約台幣三百元）遞給我。

「我學生時期在外面打工的時候也經常犯錯，常常被罵。本來這個年紀就是容易犯錯的年紀，所以別放在心上，回家的路上買杯飲料吧！」

明明是我冒冒失失犯了錯、造成對方的麻煩，卻反而得到了安慰。我心裡太過愧疚而無法接受，結果客人把錢放在收銀台旁邊就走了。不得已之下我只好把那張紙鈔放入口袋，對著那位客人離開的背影鞠躬致意。

打工結束之後，我回到家準備把穿過的衣服放進洗衣機洗，掏了掏口袋發現剛才收到的那張一萬韓圜紙鈔。我的眼淚瞬間掉了下來。

分明不是我的錯，在公眾場合丟臉的卻是我，這讓我非常氣憤，也下定決心絕對不能犯錯，結果卻又馬上把湯汁噴濺到客人的衣服上。我本來以為那一天的一切都毀了，可是因為那張一萬韓圜，我又萌生了要更加努力的想法。

以後如果有店員失手在我面前犯了錯，我也想要成為那一個，不仗著顧客身分訓斥對方，反而安慰他、告訴他「沒關係」的客人。雖然烤肉店老闆的態度帶給我不好的記憶，不過幸好有那位客人，在我人生第一次的打工經驗中留下了溫暖的回憶。

1961年，史丹佛大學的心理系教授愛伯特・班杜拉Albert Bandura發表了一篇「觀察學習Observational learning」的研究。觀察學習是指觀察他人的行為、以及觀察他人做出該行為時獲得的報酬或懲罰並從中學習，之後在遇到類似情況時再現並模仿相同行為的理論。例如，有個學生撿起掉落在走廊上的垃圾，老師看到後稱讚了他。其他同學觀察到這名學生撿起垃圾後受到了稱讚，因此他們現在經過走廊看到垃圾時會主動撿起來，沒有像從前一樣視而不見。

我不小心把湯灑到了客人的衣服上，這的確是我的過失，而且以客人的立場來說也是百分之百值得生氣的狀況，但客人選擇寬容以待。這段親身經驗讓我學到了不同的價值觀：「那樣真的是很帥氣的大人啊！面對不成熟的人犯下的失誤，我也要更寬容面對。」跟我一起工作的其他工讀生們也紛紛感嘆：「原來還有這樣的客人啊！他好像才是真正懂得如何花錢的人。」後來烤肉店的老闆聽到那位客人向我說的話，可能覺得對我有點抱歉，第二天在餐廳開門之前幫我做了一碗冷麵。

一個人能夠改變六個人，在社會上的我們全都被看不見

的緣分緊緊聯繫著。儘管今天是別人在我面前犯了錯，可是反過來說，我也隨時有可能在別人面前犯錯。可以說是莫比烏斯環[1]吧？雖然沒辦法每時每刻都活得像聖賢一樣，不過每當想起我也曾經有過犯錯的時候，惻隱之心就會油然而生。

書中出現的偉人、為國爭光的選手、在危機時刻登場的英雄……舉世聞名的人多之又多，然而真正改變我人生價值觀的卻是那位客人。他在我身處懸崖邊緣、快要墜落時握住了我的手，是我的貴人。

假如我確實了解一句話可以改變某人的人生，無論是變好還是變壞，那麼我是不是能成為，在別人犯下不成熟的錯誤時依然淡然處之的、真正的「大人」呢？我想到的是，我自己、我的朋友、我的弟弟妹妹、我的孩子、我的孫子，我身邊所有的人往後都可能會犯錯。這不是可以獨自一人生活的世界，所以我們活得更寬容一點吧！那些微小的善意，最終還是會回到我自己、我的家人，和我周圍的人身上。

1　莫比烏斯環：在 1858 年由數學家莫比烏斯（August Möbius）所發現，只有一個面、一條邊，沒有上下、裡外、正反區別的立體幾何形狀。

為什麼每天都必須
做麻煩又無聊的事

我認為，
只要能夠一日都不間斷，
確實完成這些自己非常不想做的事，
就能一輩子做自己想做的事。

我和其他作家們見面時經常被問到兩個問題，一個是：「妳是怎麼堅持每天都寫文章的呢？」另一個就是：「妳怎麼有辦法趕在截稿日之前交出稿件呢？」其他作家們都說，不只是每天寫會缺乏靈感，而且沒有比寫不出來，還要一直盯著白色背景畫面更苦的差事了。隨著截稿日的逼近，心情越來越急躁、頭腦也更轉不動，最後只能向編輯表示歉意，或是用極端一點的方式潛水不見蹤影。儘管想長期從事寫作的工作，可是這些苦惱帶來的壓力實在太大了。

　當我被問到怎麼有辦法每天寫作時，我回答：「就是先寫再說。」我也不是每天都能想到好題材，不是每天都能寫出好文章。不過，哪怕是短短兩三篇筆記形式般的內容，我也一定會留下文字；就算沒辦法寫出起承轉合都很完美的文章，也還是會隨手寫下一些什麼。不是為了寫得很好，而是想對書寫這件事賦予意義。一旦養成習慣，無論成品是好是壞都會形成看得見的結果。這份小小的滿足感能使我成長。

至於被問到如何能趕在截稿日之前完成時，我的回覆是：「因為我不是天才。」我沒有辦法輕輕鬆鬆下筆成章，也不是每次出書都會受到高度讚揚的大咖作家。

　　當然不是說厲害的作家就可以違背「截稿」的承諾，可是至少實力出眾的人，獲得諒解的空間也會更大一點。而我是一個一無所長的人，所以我將誠實守信當作武器。在別人心中留下：「雖然這位作家沒有寫得特別好，但至少是一個遵守約定的人，不會對公司的排程造成困擾」的印象，用這個作戰策略讓對方感到安心。

　　在某選秀節目中擔任評審的製作人朴軫永表示，他三十年來每天都會進行三十分鐘的發聲練習──「音階 Scale 訓練」，連一天都不曾間斷。音階訓練是伴奏者用鋼琴彈出「Do、Re、Mi、Fa、So、La、Si、Do」的音符，唱歌的人則要照著那個音符發出「啊、啊、啊、啊、啊、啊、啊、啊」的聲音。透過這方式練習音感、節拍及發聲。因為是很基礎的練習，對於歌唱功力高的人來說相當枯燥乏味。不過朴軫永說，完成這項無趣的事是基本中的基本。

　　「每天都必須做這些麻煩又無聊的事才能實現夢想，假

如想一輩子做自己想做的事的話。我認為，只要能夠一日都不間斷，確實完成這些自己非常不想做的事，就能一輩子做自己想做的事。」

　　寫作雖然有趣，但是把作家當成一份工作並不會一直覺得有趣。無論怎麼搜尋都不肯乾脆出現的資料、校稿到眼珠子都快要掉下來的錯漏字、想找到與前面寫過的內容不重複的題材⋯⋯做到深夜卻連一丁點進度都沒有的時候實在是多到數不清。然而每天不間斷做這些無聊的事、不想違背約定時間的原因是：「我現在還不想做其他事。」

　　想要在一個領域裡長時間持續有好的表現，需要的並不是出類拔萃的能力和靈光一閃的創意。而是要拋開「這些我以前常做的事，現在不用再做了吧！」的自滿想法，不要有「隨便做也不會有太大差異」的安逸心態，捨棄「一定要做這些麻煩事嗎？」的懶散念頭。重點是，千萬別落下最底層的基本功。

好欺負的人
也有機會多一顆糖

高高的城牆幫助我守護了自己，
但也拿走了累積經驗的機會。

在從事編輯工作的時候，我對於和別人一起合作抱持著懷疑的態度。經歷過國高中時期的小組作業、大學時期的分組研究，我瞭解到真正麻煩的不是工作本身，而是人與人之間的事情。我不想自討苦吃。我曾經親眼看著一群人開開心心去開會，後來一言不合鬧得關係破裂。所以為了在這間公司留下美好的記憶，我便從根本上封鎖了可能衍生的問題。

　我沒有隨身掛著「謝絕合作」的牌子，可是當同事們一個一個結伴、輕輕鬆鬆分工合作的時候，我總是獨自住在孤島上，給別人一種「那個人喜歡一個人做事」的形象。

　我很幸運，當時的公司相當尊重編輯個人，所以乾脆為了像我一樣喜歡單打獨鬥的編輯們設立了一個獨立作業的團隊，也因此我並不知道自己的行為並不完全是一件好事。

　和我差不多時期進公司的同事W，雖然個性膽小內向，但只要有一點機會就會積極參與、找可以做的事。他不單只做自己部門的工作，還會到其他部門四處看看，尋找有沒有

適合合作的事情。

他剛到職的時候是行銷人員，現在卻成為了一個相當多方位的人才，不僅可以構思內容企劃、協助拍攝，甚至還參與了產品製作的過程。當然一路走來並不容易，中間有過很多爭吵與和解、決策與推翻、催促和拖延，繁忙的工作也讓W一直在服藥。

然而，明明他和我差不多年紀，卻已經累積了各種不同領域、多樣化的工作經驗，這點還是很令人羨慕。

私底下見到W的時候，我問他：「你怎麼有辦法讓這麼多人願意主動找你呢？大家都知道我是屬於獨自工作的類型。雖然的確也是我自己想要這樣，可是假如我也擁有讓人想一起合作的魅力，別人會不會主動靠近我呢？」於是W告訴我他可以接到橄欖枝的祕訣。

「可能因為我算是好欺負的人，非常好說話。不管結果是好是壞我都想嘗試看看，即使明知道可能身陷泥濘，還是會自己走進去。

想要嘗試新事物的時候，不是需要召集一些人嗎？因為風險比較大，需要很有耐心、毅力去說服對方：『這件事一定能成功、只要去做就會有好結果。』不過如果是對我的話

就不用，因為我想要做就會去做。

　　其實我不太會拒絕別人，唸書時最大的缺點就是這個。朋友們老是當著我的面、毫無顧忌占我的便宜，作業每天都抄我的、分組報告也把事情都推給我、要我負責。但是踏入社會之後，好欺負的形象反而成為了我的優點，帶給我很多不同的機會。

　　我覺得宥美妳給人的印象就是超人，遇到困難也不會向身旁的人求助，而是想盡辦法自己解決。我幾乎沒看過宥美拜託別人，因此大家才會在心裡認為：『那個人好像喜歡一個人做事。反正就算跟她說，她也不想一起做吧？她自己一個人就做得很好了。』一開始就切斷了往來的可能。」

　　電視劇《大長今》中的韓伯榮尚宮非常重視原理和原則，性格有點冷漠、嚴肅。皇宮內的人為了滿足權力和個人利益，充斥著各種不公義和腐敗的勾當，韓尚宮甚至會說：與其被這樣的人包圍，還不如去「醬庫」（朝鮮時代在宮殿裡製作、管理醬料的地方）。

　　鄭末金尚宮陪著脾氣硬到快被折斷的韓尚宮一起回顧過去的皇宮生活，並解釋人們為什麼會做出這些不正當的事情：「雖然皇宮裡總是人來人往，卻很孤獨。大家或許是厭

倦了孤獨才有那麼多的猜忌和嫉妒吧！因為厭倦了孤獨，所以覺得至少要獲得寵幸才苦苦掙扎；因為厭倦了孤獨，所以覺得至少要得到財富才趨炎附勢；因為厭倦了孤獨，所以覺得至少要擁有權力才玩弄權術。」

到了最後，鄭尚宮將最高的尚宮位置留給了韓尚宮，並像母親一樣滿懷溫暖地提出忠告：「對人親切一點、寬容一點吧！妳有多想遵守原則，就要對人多麼親切。否則，妳的果斷只會讓別人感到陌生、可怕而更加抗拒。這當然不容易，要堅決果斷又要能變通包容。不過妳可以做到的。心態稍微再從容一點吧！」

以前我總是儘量不讓別人覺得我這個人好欺負。本來種豆應該要得豆，可是我在人際關係中種下了善良，卻經歷了不少被反咬一口的情形。因此我為了保護自己築起高高的城牆、住在圓圈裡。儘管這個圓圈幫助我守護了自己，但也奪走了我可以廣泛累積經驗的機會。

我以前覺得好欺負是一件壞事，後來才知道，原來適度戴上「看起來好欺負」的面具，也是在社會上生存的一種戰術。做事乾脆俐落、一絲不苟、不吃虧、遵循原則固然重

要，不過在人類的世界裡，還是要彼此和睦相處才能生活得更好，所以，讓自己擁有多一點的寬容和空間吧。不只會吵的人有糖吃，好欺負的人也有機會多吃一顆糖。

樂透也是
努力的人
才會中獎

比你更早抵達
夢想之地的那個人，
也是用全身去碰撞
才到達了目的地。

我的第一本書順利上市、名字後面被冠上了「作家」的稱呼時，經常聽到別人的議論：「她都還沒正式踏入文壇，算是哪門子的作家？」第二本書成為暢銷書的時候，那些話變成：「那個能算是實力嗎？只是單純中了樂透彩吧！」等到出版了第三本書之後，人們又改口說：「她第二本書不是非常成功嗎？這本書的表現怎麼只有這樣？果然這才是她的實力。」

　　儘管了解不可能所有人都帶著正向的眼光看我，可是當得知在背後議論我的源頭，就是幾個月前口口聲聲祝福我新書大賣的人時，還是讓我受到了莫大的傷害。而且他還是一位和我同行的作家。雖然口頭上希望我一切順利，心裡卻似乎希望我可以就此倒下。

　　德語中有一個詞「Schadenfreude（幸災樂禍）」，是由痛苦 Schaden 和快樂 Freude 組合而成，意思是當他人感到不幸時會隱隱覺得快樂。日本京都大學醫學研究所的高橋英彥教授，以年輕人為對象進行了一項 Schadenfreude 實驗。他讓受測者

在腦海中想像一個畫面：自己的同學們在社會上獲得成功、過著所有人都羨慕的生活，並用功能性磁振造影 fMRI 設備拍攝了他們的大腦。結果，他們腦部關於不安情緒及痛苦的區域出現了反應。相反地，當要求受測者想像剛才那些成功的同學突然發生事故、或經歷失敗而變得不幸的畫面時，則是腦部當中跟快樂相關的區域出現反應。這和韓國俗話說的「堂兄買塊田，我的肚子痛一天！」有些類似。

比你更早抵達夢想之地的那個人，絕對不可能一路只有順遂，一定也有被雷陣雨打到全身溼透的日子、有陷入泥沼裡爬不出來的時候，也有整個人被強風吹得搖搖晃晃、或是樹枝迎面飛來擊中自己的時刻。他是如此用全身去碰撞才到達了目的地。

若從遠處看，可能會覺得這份成功只是一張突然中獎的樂透彩；但如果那是一個遠大的目標，怎麼可能單純只靠「好運」就中獎呢？就算是中樂透好了，也需要付出每週去買彩券的努力，但在這個世界上卻多的是從來不買彩券，還奢望可以中獎的人。

有一個和 Schadenfreude 相反的概念，叫做「Mudita」。

這個詞是佛教用語，意思是看到他人的幸福時會同感快樂。不要利用詆毀和貶低對方的方式來獲得力量 energy，而是要一起為對方的好事高興，獲得加乘效應 synergy。

為了抵達自己的夢想之地，我們需要從很多人的身上學習經驗、得到幫助，才能找到前進的方向。無論是什麼樣的目的地，都不可能獨自一個人到達。既然連投注全副心神效仿、練習、成長都不一定能成功，當然更不可能因為把心力耗費在取笑、毀謗、中傷別人中就能做到。這樣一來，只會連原本順利的事情都搞砸。

在懂得真心獻上祝福的人身上，也會出現值得讓人真心祝福的事。我們一起培養更寬闊的心胸，互相分享彼此的快樂吧！

接受是自己的課題

造成壓力的並不是事件本身，
而是事件發生後，
根據自己如何解釋，
來決定自己是否感受到壓力。

「為什麼要寫這種憂鬱的文章？寫這樣的文章還不如去死好了。一定要有一個人因為妳而死，妳才要停手嗎？」

　我的記憶力並不算好，不過這篇充滿惡意的留言，我到現在都清楚記得。第一次看到的時候很生氣，我無法理解留言的人是什麼心態。「不喜歡的話不要看就好了，為什麼非得留言呢？」我心裡像是滾水一樣沸騰著。

　我深呼吸，努力和當下的情緒保持距離並客觀思考。我抽離憤怒的情緒、只留下理性來分析「一定要有一個人因為妳而死，妳才要停手嗎？」這句話，我發現對方正在向我發出的訊號是：「妳是一個影響力很大的人。」

　以前我單純只是因為想寫而寫，沒有多想什麼。不過對方教了我這樣做是不行的。在看到這則留言之前，我並沒有實際感受到自己文章的影響力。雖然有數十萬人點閱，但社群媒體上本來就人來人往，加上我並沒有把發文視為一份工作，所以當時的我不像現在這麼認真看待此事。那個人無禮的惡意留言，意外成為了一句單刀直入的忠告，也成為現在的我謹慎寫下每一個文字的標準。

我從那則留言中，建構出了自己的信念。

「假如有一個人真的會因為我的文章而死，那麼相反地，是不是也會有那麼一個人，因為我的文章而活下來？」腦中浮現這樣的念頭之後，我便下定決心要為那些內心痛苦的人書寫。

過去我的文字中充滿憂鬱、悲傷，從那之後我開始寫下自己克服考驗的趣事、幫助我轉念的觀點等等。改變書寫的方向之後，我開始收到許多令人不自覺微笑的回饋，像是：「多虧有這篇文章，讓我得到了活下去的力量。謝謝妳。」、「讀了這篇文章後我決定改變自己的想法，再重新挑戰一次！」原來我可以寫出這樣的文章，我覺得很有成就感，心靈也因此非常充足。

心理學家亞伯・艾里斯Albert Ellis表示：「我們的情緒取決於自己如何評價和解釋。」這點可以運用他提出的「ABC理論」來說明。這裡的A是指誘發事件Activating events，B是信念Beliefs，C則是結果Consequences。

舉個例子，假設你在同事面前發表意見時出了錯A，這時你就會以自己的信念B為基礎，對這起事件進行解釋和評價。如果你的信念是連一個字都不能錯的完美主義，就會認

為自己完全搞砸了這件事。而且發表結束後，也會出現因為
挫敗而對自己發脾氣的結果 C。

　　接著再來做個假設，在同樣的事件下只有信念不一樣，
這次你的信念是：「無論遇到什麼情況，只要臨機應變解決
就可以了。」這樣的你即使在發表過程中失誤也不會慌亂，
反而能夠穩定心情繼續發表。等到發表結束後，也會覺得自
己順利化解危機，而出現稱讚自己的結果。

　　也就是說，讓人承受壓力的並不是事件本身，而是事件
發生後，根據自己如何解釋，來決定自己是否承受壓力。

　　那個人寫給我的惡意留言，不能因此被合理化。同樣的
訊息，他可以選擇以中立的言語進行批判：「妳的影響力不
小，寫文章時請更加慎重一點。」不過這世界上本來就存在
著各式各樣的人，出現這種沒有禮貌的人也是在所難免。我
無法阻擋那個人在背後放冷箭，可是如今的我知道，隨著我
怎麼接受並解釋，可以決定那支箭的前端是鐵製的箭頭，還
是橡膠製玩具吸盤。儘管別人可以對我進行評價，但如何接
受他的評價則是由我自己決定。

　　生活中會遇到各種引發壓力的狀況，它可能來自內部，
也可能來自外部。雖然我們會說：「因為發生這件事情，才

讓我很有壓力！」然而實際上卻是因為我選擇接受壓力，所以才感到壓力。一切都取決於自己承接的角度。

　　這裡會出現兩個選項，第一個選項是：「為什麼只有我發生這種事情？真是夠了！可惡，不玩了。」第二個選項則是：「太簡單就不好玩了。再試一次吧！反正現在才剛開始。」無論哪一個選項都沒有錯，儘管如此，我還是希望能夠選擇後者。和未來長遠的人生相比，現在所經歷的困難，只是一個終將消逝的點。希望我們都不要因為這個小小的點而感到挫敗。

有的樹木
正等待著
森林大火

承認失敗的瞬間，
就能夠看見更遼闊的世界。

「您真的會看別人寫的每篇評論啊？」

書上市之後，我根據網路上的評論提出各種意見回饋，那時我的編輯覺得很新鮮，便問了我這個問題。在我們還沒簽約前，開會的時候也曾有人問我是否會把大量的訊息全部讀完。他會這樣問，是因為我在封面折口的作者介紹上寫了：「我每天都會逐一閱讀數千則的讀者留言。」

「有些作者完全不看任何評論或訊息，因為這麼做的壓力實在太大了。」

我對這句話深有同感，點頭附和：「我每次要點開留言或訊息時，都要先閉上眼睛深呼吸之後才敢打開。因為很害怕。」儘管大部分留言都溫暖真摯而友善，不過只要有一篇重創我心靈的訊息出現，就會掩蓋其他留言，更加清晰地印在腦海裡。

由於還沒點開前不會知道內容是好是壞，所以打開箱子前一刻是我最恐懼的瞬間。

編輯又問我：「如果煎熬到這種程度，不能不要看嗎？」我的回答是：「即使如此，我也不能跳過。」

「我認為失敗也是一種機會，我不想錯過這個機會。如果下次再出現同樣的失敗，就會變成真正的失敗。因此我沒辦法放著這些珍貴的訊息不理會。」

成功是好的、失敗是不好的，以前的我會用這種二分法來思考。大人們也都會對孩子說：「長大後一定要成功！」雖然在自媒體發達的現代，被看見的機會多了很多，但最終也只有成功的人才能獲得掌聲。這些過往的所見所聞，都導致了我們對「成功學」的一意孤行。然而，有些事唯有經歷失敗才能促成，有時候在失敗中學到的教訓，遠比從成功裡獲得的經驗更有價值。

因此當出版日漸近時，我會做好兩種心理準備：成功的準備，以及，失敗的準備。也就是說，無論結果是什麼我都會虛心接受，它們都會成為我的養分。

乍看之下，植物和火像是天敵，一旦失火，什麼都被燒成了灰燼。然而，也有植物正等著一場火，像是北美短葉松

Pinus Banksiana、巨杉Giant Sequoia、木麻黃Casuarina Sp.。這類樹木的毬果只有在攝氏溫度200度以上才會裂開，必須透過非常高溫的熱量才能將種子播散出去。為什麼一定要在火災後傳播種子呢？在綠油油的環境中播種不是更好嗎？這原因也存在於自然法則之中。

假如有許多植物和動物被大火燒逝，那些灰燼就會形成天然的肥料，讓種子擁有供其茁壯的肥沃土壤。另外，周圍高聳的樹木在火中消失，也可以減少茂密樹蔭獨占陽光的狀況，形成有利種子成長的環境條件。儘管森林大火會吞噬很多生命，但是懂得把危機當轉機的樹木，會比其他樹木儲存更多水分，保護自己免於被火舌淹沒，並散播出種子讓新生命誕生。

用鉛筆寫字時，為了寫錯可以擦掉重寫，製作了橡皮擦；用原子筆寫字時，為了寫錯可以蓋掉重寫，製作了修正帶。手機有返回鍵、電腦有還原功能、便條紙有可以多次撕下重貼的黏性，遊戲也有重新開始的選項。設計這些因應出錯的工具，就是為了告訴大家：「即使錯了也沒關係，重新再來一次就可以了」。

讀書的時候想讓成績進步，重點不是背誦理論、不是反

覆上課，也不是一直解題，而是要把自己出錯的問題記下來，不斷練習到答對為止。

答對一次的問題會繼續答對，答錯一次的問題會繼續答錯。所以如果想提高自己的分數，最重要的是讓曾經錯過的題目不要再次出錯。

我從小學開始戴眼鏡，光是換眼鏡所花的錢就超過一百萬韓圜（約台幣兩萬六千元），所有流行過的眼鏡款式都被我戴過了一輪。我戴過無框眼鏡、有色鏡片的眼鏡，也戴過很粗的膠框眼鏡、還有鏡片大到像蜻蜓眼的飛行員眼鏡、圓框眼鏡、稜角分明的方框眼鏡。

後來到了二十幾歲，我開始只戴同一種風格的眼鏡，鏡框的顏色也一樣。因為我發現，以前戴過的那些眼鏡和我的臉型並不搭，現在這種眼鏡最適合我。之所以能找到符合我個人風格的眼鏡，也是由於我買過那些並不適合我的眼鏡。

假如我沒有看過自己戴著那些眼鏡的醜樣子，最後也不會找到自己的命定眼鏡。

我個性膽小怯懦、小心謹慎，也很容易受傷。因此，我比任何人更討厭、更害怕，也更畏懼失敗。

但是，即使我所擁有的個性，讓我面對失敗就像面對天敵，我也絕對不會逃避失敗。即使自尊心時常因此受傷，我還是要努力正視失敗。因為我知道，承認失敗的瞬間，就能夠看見更遼闊的世界。

即使距離相同，
也不可能走同樣的步伐

有的人可以花三步走到，
有的人要花十步走到。
重要的仍然在前進這件事。

我一直是個緩慢的人。別人輕而易舉就能做到的事，我總是沒辦法一次做好，必須經歷很多次的嘗試與錯誤才能達成。由於重考的關係，我比其他同學晚唸大學，畢業得也比其他同學晚。那些跟我同類型的作家，出書量都比我來得多，而且我至今也還沒有找到自己明確的定位。直到二十幾歲後半，才交到一個可以傾訴心情的朋友，愛情也仍然處於一個懵懂的狀態。其他人學幾天就上手的自行車，我花了一年的時間孤軍奮戰才千辛萬苦學會。如果沒有仔細閱讀說明書，我連最簡單的機器都操作不了。

　某天，外婆把從田裡挖回來的菠菜放在客廳，一棵一棵拿出來挑。這是一項很簡單的工作，只要把枯黃的葉子摘下來、用刀將根部尾端切齊就可以了。我為了跟外婆說話，坐到了外婆旁邊幫忙。大概過了十分鐘左右吧，我回過神一看，外婆身旁已經堆了滿滿的菠菜、形成一座小山，我這裡的菠菜則像陽台花圃種出來的一般，只有一點點。眼看著自己就連挑個菠菜都可以這麼慢，雖然不是什麼大事，卻突然

有些傷心。

「外婆，我為什麼會這樣慢吞吞的呢？我比別人晚畢業，工作比別人落後，做決定也磨磨蹭蹭的。現在連處理菠菜手腳都這麼慢，我該怎麼辦才好？」

外婆可能覺得這個歲數不到自己一半的孫女，發的牢騷太可愛了，笑著說：「怎麼啦？是誰說我孫女慢的啊？」

我對自己的無力哂哂嘴：「沒有啦！是我自己。我覺得太鬱悶了。」話說完，便嘆了一口氣。外婆似乎是心疼這個正在經歷成長痛的孫女，擦了擦沾滿泥土的手，溫柔摸摸我的頭，跟我說了這段話：

「即使是同樣的距離，有的人可以花三步走到，有的人要花十步走到。重要的仍然在前進這件事。」

有個詞彙叫「牆上蒼蠅效應 Fly on the Wall Effect」。這個詞意味著，當人被困在消極的狀況中時，如果可以跳脫出來，用第三者的眼光客觀看待自己，將能夠有更高的機會，正面積極地接受現況。

這個理論源自於心理學家奧茲朗・阿杜克 Ozlem Ayduk 和伊森・克洛斯 Ethan Kross 所進行的一項心理實驗，其中就用了

牆上的蒼蠅當作例子。不管我的煩惱再怎麼大，聽在牆上那隻蒼蠅的耳裡都會覺得：「那根本不算什麼嘛！」這意思類似韓國的一句諺語：「別人的瘟疫比不上自己的感冒（比起別人罹患的絕症，自己的感冒感覺更嚴重）。」自己的煩惱無論再怎麼小，總是十分艱難；別人的煩惱無論再怎麼大，看起來都可以輕鬆找到解法。這就是人的心理。

試想一下，假如有第三者聆聽了我的煩惱，一定能夠給出相當明確的答覆吧。如果我的煩惱是比別人晚畢業，他會說：「只要能好好畢業就行了，這個世界不會因為你晚畢業一兩年就塌下來」；如果我的煩惱是工作落後，他會說：「慢沒關係，只要努力做得更好就可以了」；如果我的煩惱是決定太慢，他會說：「那不是慢，是謹慎。」

這些回答和外婆跟我說的話一脈相通。先不論方向或是速度，重要的是仍然在前進。我已經知道答案，但是當不好的事情接連而來時，我還是會不知不覺被負面聲音所束縛、躲進洞穴裡。

就算慢一點也沒關係，當個能跑完全程的人吧！只要沒有忘記走路的方法、只要不放棄繼續走下去，終點線就會等著我的到來。

往上爬之前
必須先忍過寂靜

儘管現在沒有任何人知道你、
四周沉默到讓人喘不過氣來，
可是盡自己所能去做
該做的事之後，
終究會有了解的人出現。

我從小就喜歡看漫畫，自從進入用智慧型手機就可以看漫畫的時代，我也開始關注起素人創作的網路漫畫。網路漫畫常常讓我很有共鳴：「咦？這完全就是我的故事啊！」有時候不禁對登場的角色投入很深的情感。就這樣，沉迷於這個領域之後，我產生了「我也想做這個！」的企圖心。以前只有專業的漫畫家，或是相關科系的人才能從事類似的工作，不過時代變得不一樣了。現在的平台只要有帳號就可以上傳作品。如果不要太講究，花個十幾萬韓圜（約台幣兩三千元）就能入手繪畫工具。在構思好故事主題、角色、標題……等等的方向後，我正式做好了入行的準備。

　　該說「果然不出所料」嗎？我不斷練習、努力到別人都知道的程度，但是看過我漫畫的讀者們反應冷淡到刺骨。如果只是抱持著嘗試看看的心態，可能還不會那麼失望，但我是徹底做好準備、全力以赴在對待這件事，因此感受到很強烈的挫折感。

　　其他作者龐大的壓力，是來自讀者們惡意中傷的留言和批評；而我卻是連開始都還沒有，像在水中撈月一樣毫無所

獲，無論再怎麼努力也只停留在「實習生」的位子上。不管結果如何，我一向都喜歡先用力試過再說，所以才決定挑戰看看，結果卻碰壁到第一次深刻體悟：「做得好和努力做，完全是兩件事啊！」「原來才能這麼重要！原來天分這麼重要！什麼都沒有的我該怎麼辦呢？」我花了十三萬韓圜買回來的平板只能住進櫃子裡。

幾個月後，剛好有機會和朋友Ａ一起吃飯，Ａ是活躍於Instagram的知名網路漫畫作家。在餐點送上來之前，我們照例詢問彼此的近況，聊著聊著，就聊到了我買回來的平板電腦。Ａ很好奇我這段時間所做的事。我本來應該要拿我的作品給Ａ看，可是我因為對自己太失望便全部刪除了，現在什麼也沒有留下。

「就算是這樣也別刪光光嘛，多可惜！」Ａ頗為遺憾。我向他訴說我當時感受到的界限，與其保留那些作品徒留心酸，不如直接刪除。於是Ａ談到了他自己的過往。

「剛開始也沒有人看好我，不過我很喜歡畫畫，所以還是一直畫下去。那時我能做的好像也只有堅持而已。結果後來點閱率慢慢增加，還有人留言給我呢！你看過我的漫畫也知道，其實我並沒有什麼了不起的畫功，也沒有寫過什麼屬

害的故事情節。但還是會有人來看。一次並不代表全部啊！如果想要往上爬，就要學會忍受寂靜。儘管現在沒有任何人知道你、四周沉默到讓人喘不過氣來，可是盡自己所能去做該做的事之後，終究會有了解的人出現，然後一個傳過一個，漸漸擴展開來。」

聽完Ａ的故事，當天我又重新拿起了畫筆。在此之前，每當下筆時，我滿腦子都在想如何提升作品的品質，構圖要完美、比例要完美，用色也要完美。但是Ａ說服了我，他說：「不需要完美也沒關係」。反正也不是要以職業漫畫家的身分出道，只是出於興趣想嘗試而已，他建議我單純使用白底黑線來創作。要是線條畫歪了也可以呈現出手感的畫風，不需要一再擦掉、修改，試著一口氣把它完成。「把重點放在故事的發展上就好」他再三強調。

他對我說：「我知道妳是個完美主義者，很難不去修改，但即使如此還是閉著眼睛上傳吧！只要故事好看，讀者反應也會很好。相信我一次吧！」

Ａ是這個業界的大前輩，我決定聽從他的建議。照著Ａ所說的，我在白色的背景底上用黑線畫畫，只在幾個地方加入重點色。就算線條畫得稍微歪歪斜斜也不管它，如實保留了下來。我花三個小時左右的時間完成了漫畫，再花了一小

時掙扎到底要不要上傳，最後終於按下了上傳鍵。我非常害怕被罵：「這算哪門子漫畫，怎麼有臉放上來？」可是讀者們的反應卻出乎我預料。大家並不在意那些歪斜的線條、不自然的構圖、粗糙的上色方式，紛紛留言說內容讓人好有同感，真的很有趣。這些留言我只在其他網路漫畫家的版上看過，就像做夢一樣。

有一個由高中生參賽的古典樂選秀節目，其中一位評審韓秀珍小提琴家在演奏全部結束之後，對所有學生說：「雖然今天在這裡，我們會評價每一場演奏，但各位身上所擁有的、寶石般的潛力，任何人都無法評價。我深深相信，只要在追求音樂的路上，持續堅守自己的信念、充滿熱情地走下去，音樂一定會回饋給你們最棒的獎賞。」這位小提琴家也提到，「一次演奏並不代表這個人的全部」，這句話帶給我很大的安慰。

只是這次畫出來的作品稍有不足而已，並不代表作畫者本身的潛力不足。每當我沒辦法完美完成一件事時，我都會把自己推到谷底：「妳根本沒有天分。」但仔細想想，期望一步就能夠成功的我，實在太過於傲慢。起初明明沒有什麼

企圖，只是覺得有趣、單純出於興趣才做的事，卻在無意識之中不但希望種豆得豆，還要能得黃豆粉。希望自己有人氣、有粉絲、成為職業畫家……抱著滿滿的期待跳了進去，然後一發現自己的水準沒有達到預期，太害怕一無所獲，又匆匆放棄爬了出來。

　　我不該為了每一次的表現大悲大喜。當然每次都要付出最大的努力來取得最好的結果，不過假使沒有達標也不需要因此挫敗。一次的結果，並不能代表我的全部。別被任何事情動搖，只要繼續堅持下去，排名、人氣、收益的果實，自然會沿著我們努力編織的那條繩索攀附過來。我相信，當我們不受周圍的言語左右，明確堅守自己的信念，即使稍晚一點，燦爛發光的時刻也必定會到來。

有這樣的自己，
也有那樣的自己

當我出來到柵欄外面，
那些曾經痛苦的感受就像
假的一樣，
立刻都覺得無所謂了。

朋友K在職場上碰到霸凌的狀況。先前K常常一手包辦公司裡很棘手、難處理的工作，所以在同事之間總是備受稱讚。我問他為什麼會突然變成這樣，才發現他被捲入了公司內部的政治鬥爭。K所屬部門的部長跳槽到其他公司時，把一起共事的職員也都帶走了。本來K也想順勢跟著離職，不過關係很好的另一位部長卻表示：「這樣太不合情理了。我幫你做人事上的調整，讓你去想去的部門、負責想要的職務內容吧！」如此慰留了他。K聽到這段話後便心軟，決定繼續留在原公司。

　這樣的安排看起來似乎一切順利，然而K很快就感受到有某些地方出了錯。從公司的立場來看，肯定不會對突然空出很多職缺的部門有好感。偏偏在那個部門裡留下來的又只有K一個人，於是所有的箭矢全都射到了K身上。一些毫無根據的謠言被誇大，傳得像事實一樣；他們說K原本也想一起逃跑，是能力不足才被獨留下來。大家沒辦法對已經離職、跳槽到其他公司的人再多說什麼，於是把所有責任歸咎到K身上。

部門裡新加入的職員們也很忌諱跟謠言纏身的 K 相處，部長更直接擺明：「教他做事有什麼用，反正他都要去別的地方了。」對他充滿不信任，不願意把重要的工作交給他。一夜之間 K 淪落到眾叛親離的地步。K 為了克服這些難關，不僅站出來負責別人嫌麻煩的事情，還表示自己願意加班到很晚、為了這個團隊犧牲奉獻。但是大家的偏見已經根深蒂固，他所付出的努力也淪為虛偽做作。

　　他在公司吃了一個月的苦頭，人們看向 K 的眼神依然沒有絲毫的改變。K 意識到，當人們已經戴上了有色的眼鏡，即便再努力也不可能有辦法改變，於是他選擇了認分地在痛苦中生活。儘管別人在他背後說閒話、儘管只能接到沒人要的爛攤子、儘管明顯被排擠到不通知他開會、儘管明目張膽對他說出鄙視的話，他在公司裡還是什麼都做不了，所以他選擇成為大家的情緒垃圾桶。之前 K 每天下班的時候都會傳訊息向我吐苦水，不過自從他決定放手後，就再也沒有因為公司的事聯絡過我。即使我出於擔心問候他，他也只回我一些客套的答覆。

　　心理學家馬汀・塞利格曼 Martin Seligman 所提出的「習得

性無助 Learned helplessness」現象，是指當一個人曾經努力嘗試過，卻仍然無法改變困境時，往後即使出現有可能避開或克服困境的機會，也不願意從那裡脫離出來，直接選擇放棄。

心理學家唐納德・廣戶 Donald Hiroto 也曾以這個現象為基礎進行過實驗。他讓A組和B組的人聽一種難受的噪音。A組的人只要按下按鈕、噪音就會停止，而B組無論做什麼都無法關閉噪音。接著再加入沒有事先聽過噪音的C組，同時讓A、B、C三組受測者聆聽噪音。這時A組和C組的人會努力想辦法擺脫噪音的干擾，但B組的人卻只是一直承受著噪音、讓自己暴露在痛苦中。就像這樣，即使付出再多努力也無法改變現況的經驗，會讓人學習到「無助」。

過了六個月後，朋友K換了公司，並對我說：「感謝妳這段時間一直聽我發牢騷，我換工作了，請妳吃飯。」在公司附近吃完午餐、走出餐廳時，K笑著和一群人打招呼。我問他是認識的人嗎？他說那些人是前同事。

紛紛擾擾好幾個月的人，竟然可以這樣笑著打招呼，讓我非常吃驚。我心想是不是在沒有聯絡的這段時間，他們彼此解開誤會和好了？於是詢問了K：「你之前不是和同事們的關係很差嗎？一看到他們心臟就難受得繃緊起來？現在好

多了嗎？」

　　K嘆了好大的一口氣，回答我：「以前那間公司就是我的全世界。每天都要上班、每天都要和那些人一起相處，在那個被定好框架的空間裡，沒有任何一個人喜歡我。但神奇的是，我一離開公司後一切都好轉了。還沒離職的時候，那間公司裡的人對我來說好重要，可是當我出來到柵欄外面，那些曾經很痛苦的感受就像假的一樣，我立刻都覺得無所謂了。當初真的很笨，就算領不到薪水也應該馬上辭職才對，不知道為什麼要一直撐著。明明直接離開就可以了，離開後就會發現那些苦真的不算什麼啊！」

　　有些空間充滿了束縛感。如果像是學校、軍隊、公司，還有家人或老朋友在的群體，都是由想法和自己不同的人組成時，黑洞一般的空間甚至會讓人感到呼吸困難。

　　儘管第三者可以輕鬆說出：「那麼累的話離開就好啦！」、「不想要的話為什麼還要待在那裡？」、「跟那些人斷絕往來就好了」，不過被困在黑洞裡的人，他們的想法也會一同受到禁錮。因為自己是被貼上「問題生」標籤的人，所以在不知不覺中，也會開始認為自己的想法、行為、決定，甚至連自己的存在都是個錯誤。

真心希望這些困在黑洞中的人們，能夠不被黑暗打敗。這個令人不舒服的空間不是一切，只是人生中的一個章節而已，翻過這幾頁之後，緊接著就是全新的章節。不要放棄希望，不要認定現況無法改變、或是努力沒有意義。雖然在這個章節裡的「自己」如此脆弱又無助，但這個章節以外的「自己」卻有截然不同的走向。

　　我們都需要練習打破現況並抽離自我。如果在學校裡很煩悶，就試著參與對外的活動；如果在公司裡很痛苦，就學習發展副業；如果和家人或朋友相處很難受，就多參加興趣相關的課程，拓展自己的世界。在窒息的空間中，幫自己挖掘出多一點呼吸孔，這些救命的氧氣，能夠讓我們繼續堅持下去。

　　永遠要記得：黑洞裡的自己並不是一切。只是有「這樣的自己」，也有「那樣的自己」而已。要是不喜歡「這樣的自己」，就出發去尋找「那樣的自己」吧！一定會有人喜歡「那樣的自己」，並和我們一起並肩前行。

我想成為一個
隨時擁有選擇權的人

我並不是在徘徊、
不知所措或橫衝直撞，
我只是不想把自己困住而已。

在身旁的人看來，我是個沒辦法在同一個地方扎根的人。我原本立志當老師，後來改走設計師的路；想成為設計師不久後，又轉變心意對程式設計熱衷了一陣子。不是轉換跑道去準備考公務員嗎？為了參加高普考還很認真上線上課程，結果課程上了一半又計劃去當 UX（User experience，使用者經驗）企劃。然後在一邊想從事行銷的同時，還一邊參加各種徵稿比賽，最後成為了一名內容創作者，進入了內容創作的公司成為編輯。

　　但我還是沒有因此變得安分，依然到處奔波找事來做。我的職位是負責感性路線的內容編輯，主要工作就是寫一些抒情的文章。完成主要工作後剩下的時間，我開始嘗試寫幽默的文章、探討新聞的文章，還有介紹戀愛網路漫畫和約會路線之類的內容，接觸各種不同的領域。

　　後來有個很好的機會可以出書，讓我成了一名散文作家。可是我還是沒有安於只當一個作家，寫散文這件事可能占不到我2%的時間，我分心思去寫小說、寫歌詞、畫兒童繪本，還隨手創作了網路小說。寫著寫著，覺得單純只有文

字好像被侷限，便嘗試畫網路漫畫，甚至跟風拍了很多人在做的YouTube影片。

在別人眼裡我是一個搖搖欲墜、徬徨不定的人。我最常被說的話就是：「必須專心挖一口井，才能真正有助於投資自己。」建議我趕快定下心來。

我想要辭掉工作當全職作家時，大家都說寫文章沒辦法賺錢，當成興趣就好。準備出書的時候，別人也要求我照搬之前擅長的寫法就好，冒然嘗試新東西會搞砸一切。周圍的人都在催促我：「為什麼不選一件事穩定發展呢？到妳這個年紀，差不多該在一個地方安身立命了。」不斷規勸一下子做這個、一下子做那個的我。

有的時候會收到認為我「莽撞不懂事」的視線，也有的時候會收到「恨鐵不成鋼」的眼神。「妳怎麼這麼特別？每次見面都有新的變化！」面對親戚長輩的這些提問，我到現在還不知道該怎麼回答。難道非得安安穩穩走同一條路才行嗎？專心單挖一口井的人就一定會領先、四處挖洞的人就一定會落後嗎？

據說人的行為有分「內在動機」和「外在動機」。內在動

機是指人們做出某種行為時，他的動機並不是來自於稱讚、成績、報酬、強制性等外部因素（外在動機），而是來自於行為本身帶給自己的快樂。

內在動機完全是出於自身的選擇，因此完成後的成就感和滿足感格外龐大。舉例來說，比起怕被罵而死命背課本、寫題目的學生，享受於獲得知識的學生更自動自發，即使沒有人吩咐也會主動坐到書桌前，即使題目寫錯也依然能獲得成就感。當我專注於自己想做的事情上時，我總是投入到忘記吃飯，甚至連睡覺都覺得可惜。

每一個小小的經歷，最後都會匯聚成大大的海洋。雖然現在只是涓涓細流，但是沿著溪谷往下走，就會遇到江河，沿著江河繼續走，就會看見大海。儘管沒辦法獲得顯著收益或是成果、甚至最後潦草收尾，我也想稱讚內心懷抱著小小的火光、想要不斷挑戰的自己。縱然結果糟糕到一句都寫不進履歷裡，曾經鼓起勇氣奮戰的自己也不至於因此消失。我並不是在徘徊、不知所措或橫衝直撞，我只是不想把自己困住而已。

我在到處摸索的過程中，同時也在拓展自己的機緣。就算我現在做的事很適合自己，將來也可能遇到比這更契合的

事。倘若不去經歷，直到死大概都不會知道了，畢竟誰也無法輕易判斷，「現在」是不是已經到了終點站。

表面上看起來，我一下子做這個、一下子做那個，好像很缺乏毅力，但實際上為了實現自己想做的事，我必須比任何人都更有毅力。

當然在嘗試的過程中，也有過後悔的選擇，或是太勉強自己的決定。但這也是造就出我這個人的重要元素之一。替父母實現他們未完成的夢想、走上別人鋪好的安穩道路、一昧追求符合社會觀感的事物……這些並不適合我。

在外圍打轉的零星火苗，無論以再好的木柴引火，仍然會被微弱的風吹滅。然而埋藏在我內心深處、充滿渴望的火光，在任何情況下都不會被澆熄，讓我始終保有自己的溫暖。經驗也是一種財富，而我不斷累積。好公司、高年薪、穩定的晚年生活固然很好，可是我想要透過自我實現，而不是在別人準備好的餐桌上擺放自己的湯匙，如此坐享其成。即使過了四十歲，即使到了五十歲、六十歲，我也想成為一個隨時擁有選擇權的人。

沒有在定點停留，就是個落後的人嗎？

雖然有些結果令人遺憾，

也有過選錯路而困難艱辛的時候，

但還是要稱讚那個內心懷抱著小小火光、

從來不放棄挑戰的自己。

即使上了年紀，

也要當一個隨時有選擇權的人。

PART 04

心 態

在尖銳的荒野裡
溫暖綻放

如果春天來了都不知道

你不需要達成某種目標
才能前往海洋，
你本來就已經置身在大海之中。

我很害怕出書，因此有好幾個月都在持續處理企劃的工作。以前的我認為寫稿是一件很有意思的事，每次都會和出版社儘快簽約、討論並按照排程進行。但是當所有人一起嘔心瀝血的書問世之後，有些錯誤就算想彌補也彌補不了，再加上風險高、需要很長一段時間才能看見成效，這些都讓我的顧慮越變越多。

我不知道自己必須靠這份收益維持幾個月、還是幾年的生活，而我的生計全都要仰賴這一本小小的書。同時，我也感覺自己寫出來的每一個字都帶著滿滿的責任。

我沒有了不起的家世背景、更沒有聰明出色的腦袋，從前也以為自己可能只會過著平凡的上班族生活。我對做生意或經營事業不太有概念，而且個性容易擔心又膽小，那些要亮出自己名字的工作，我連想都不敢想。

可是我在偶然的機會下踏上了作家這條路，還因此感受到濃濃的幸福，我不想失去這份幸福感，於是產生了「無論如何一定要成功」的強烈欲望。

我究竟該怎麼做才能滿足呢？該怎麼做才能變得幸福？該怎麼做才能成功？一想到萬一扣錯了第一顆鈕釦，可能因此讓好幾年的光陰不翼而飛，我心裡就不斷冒出疑問、完全回答不上來。這顆鈕扣可能是一本書初期的企劃，或是整體目錄的架構。

　　在電影《靈魂急轉彎Soul》當中，主角喬‧賈德納Joe Gardner人生中的唯一夢想就是成為一位爵士音樂家。他原本是一名平凡的音樂老師，在一次偶然的機會下可以到知名爵士音樂家桃樂絲‧威廉士Dorothea Williams所在的樂團試鏡。桃樂絲非常欣賞喬的演奏，並決定讓喬加入她的樂團。而在歷經各種苦難和逆境之後，喬終於在爵士俱樂部完成了他的演奏，他站在演奏廳，內心感到無比快樂。

　　當他愉快地準備下班時和桃樂絲說話，桃樂絲稱讚他今天的演出非常精彩。喬終於實現了自己長久以來的目標，他對自己從今以後即將展開的全新人生懷抱著滿滿的希望，他詢問桃樂絲：「下次會發生什麼事情呢？」

　　桃樂絲泰然自若地回答：「明天會再來到這裡，重複一次今天做過的事。」喬的臉上浮現了慌張的表情。明明是一

個遠大的夢想，真正實現後卻覺得沒什麼大不了，難道是自己對此感到失望嗎？這就像是在被公司錄取前，我們下定決心發誓只要錄取，就會為了公司犧牲奉獻；然而一旦真正就職之後，在上班途中的我們，表情總是苦不堪言。

桃樂絲看到喬垂頭喪氣、無精打彩的樣子，便說：「我跟你說一個我以前聽過的故事。有一隻小魚游到大魚身邊問：我正在尋找一個被稱為『大海』的美麗地方。大魚對牠說：大海？現在你所在的地方就是大海。小魚大喊：這裡嗎？這裡只不過是水而已啊！我想找的是大海！」

看到這裡，喬・賈德納和那隻小魚的樣子，彷彿和我自己的樣子重疊在一起。我夢想著能置身在一處樂園而四處徘徊、尋找，後來才知道我所站的地方就是樂園。我已經待在樂園裡了，卻還日日渴望著能去到樂園。

過去只要有人讀我的文章，我就會感到幸福，這樣的我去哪裡了呢？為什麼會累積出這麼龐大的貪念？當我不滿足於現況時，或許有人正渴望著能像我一樣，坐在電腦前面敲著鍵盤創作文字。當初對於文字創作的那份純粹心情，是在什麼時候消失了？全怪我添加了想要成功的調味料，才逐漸失去了清澈的目光。當寫作成為每天重複的日常作業，我也

因此忘記它有多麼珍貴。

　　我對於忽視了曾經閃閃發光的自己而感到羞愧。我伸手觸及的一切，不可能每樣都大放異彩。這是很理所當然的事，我卻因為這份理所當然而猶豫不決。我擔心自己會跌倒、擔心自己會失敗，與其不顧所有奮力前奔，不如退後待在安全的房子裡就好。夢想這件事，在心裡想像的時候幸福美好，但是為了要實現夢想而付諸行動時，迎來的傷害卻難以避免。我不想受傷，於是鎖上了心門。

　　我沒有發現，其實我游泳的地方就是大海。我不需要認為：「要是能做到這件事就會變幸福！」、「假如能做到那件事就可以過得很好！」好像非得達成某種目標才能前往海洋，我本來就已經置身在大海之中了。
　　儘管會擔心、會苦惱、會哭泣、會生氣，可是這就是生命本身之所以極其美麗的原因。即使做得不好、即使有點粗糙笨拙、即使無法按照自己的期待發展，每一個瞬間仍然無比珍貴。這是整個地球上獨一無二的生命創作出來的產物。不要光盯著遙遠的未來，也不要為幸福增添附加條件，熱愛眼前的這些事物吧！

如果春天來了都不知道，那還有什麼意義呢？
我們殷殷期盼的樂園，就是現在、就是這裡。

那瞬間的你
是一個大人，
還是一個孩子？

小時候得到滿足的部分，
將隨著時間一歲、一歲增長；
不過沒有被滿足、
遺漏掉的缺塊，
仍然停留在那時候的年紀。

近年來社會的氛圍逐漸轉變，「努力」開始受到認同、「過程」更得到重視，即使失敗也有重新來過的空間，如此尊重每個人。但是在我的童年時期並非如此，「這樣已經很不錯了，做得很好啊！」要聽到這種話相當困難。

　如果我拿了十張獎狀，不會聽到：「已經很棒了！」而是：「還剩幾個月，再多拿個五張吧」；如果我各科平均分數是93分，不會聽到：「平均分數超過90分，表示每一科都學得很好呢！」而是：「下次再提高到95分吧！」

　我在沒有感受過「滿足」的狀態下長大。進入公司上班以後，儘管沒有人要求，我還是會覺得應該多做點什麼，因此經常加班。下班後也莫名有點愧疚，於是打開電腦在家工作。沒有值班、沒有領取加班津貼，週末卻還是自動到公司報到。我害怕自己如果滿足於現況，會被當成懶惰的人。

　我在公司裡的工作是內容編輯，負責製作符合主題的內容、下相符的標題、挑選適合的縮圖後上傳。我一貫的心態是：「做好自己該做的事就好」，因此對於變來變去的作業模

式並沒有不滿，直到後來發生了一件事，成為引爆問題的導火線。某天中午我吃完飯回到辦公室，發現原本確定好的最終版標題和縮圖被改掉了。

即使是最終版，審查部門偶爾也會提出修改要求，這很正常，不過按照慣例，應該是和編輯討論之後由編輯更換。但這次卻沒有任何消息，直接更改了我製作的內容。我立刻向審查部門詢問狀況，得到的回覆是他們並沒有修改。「那會是誰改的？沒有人有權限啊……」我一邊自言自語時，坐在旁邊的同事說了一句：「應該是部長改的吧！」幫我解開了疑惑。我反問：「可是我完全沒有收到要改的訊息啊？」同事想了想後回答：「看來以後部長都會自己修改吧！」

「怎麼可以這樣做事！」我當時的公司是新創公司，成立時間還不長，雖然我不是初創期的元老成員，但也算是很早進公司的一員。或許因為這樣，我對公司有著無限的情感，覺得我製作的每一個內容就像自己的孩子般珍貴。我為了做出優質的成果煞費苦心，卻在沒有被告知的情況下隨意修改，感覺非常不受到尊重。萬一修改有誤，外部的人都會覺得是我的疏失，也沒有任何人會站出來承擔責任。我對這種事不關己的態度感到憤怒。我站在樓梯間擦著眼淚，獨自思

考了一個小時、整理好激動的情緒後，向部長申請了面談。

「我認為有任何修改都一定要先和編輯商量。送出去的東西掛著我的名字，要是出了什麼問題，最終都會是我的責任。就連審查部門在和編輯意見不同時也會提出討論，互相說服對方，這個為什麼需要更換、那個為什麼不適合等等，最後才做出決定。沒有經過任何程序隨意修改，等於是無視編輯的存在。」部長同意我提出的異議，也正式公告表示，往後不會在未與編輯討論的情況下自行修改。

這場風波過了一週左右，儘管沒有人說什麼，我自己卻覺得尷尬。雖然這件事的確讓人感受不好，但也沒有到需要痛哭的地步。重新回想，甚至覺得根本沒必要流眼淚，也不用這麼嚴肅地向部長申訴。我為什麼會越過那條線呢？我從身兼教養專家和身心健康科醫生的吳恩英博士身上，找到了答案。

在某個教養節目中，播放了一段十四歲兒子和媽媽發生摩擦的畫面。媽媽喊著：「飯煮好了，趕快出來吃。」但孩子沒有回應、直盯著手機。結果這位媽媽氣得衝進房間，像對待大人一樣狠狠責備了孩子。大概沒有幾個孩子會一聽到媽媽說「吃飯了！」就立刻停下手中的事、迅速坐到餐桌旁。

孩子的行為並不是太大的問題，為什麼媽媽那麼生氣呢？

　　吳恩英博士從媽媽說的話中發現了端倪。她發現這位媽媽在平常的對話中，經常使用「忽視」這個詞，這顯現出媽媽是一個非常看重「認同」的人。而兒子拖拖拉拉的行為，讓媽媽感覺到孩子正在忽視自己。接著吳恩英博士提到：「這位媽媽心裡住著一位國中一年級的女學生」。深入觀察媽媽幼時的家庭環境，就會發現她在成長過程中得不到父母的認同，所以在「認同」的方面相當匱乏。縱使她從青少年長大成人、和另一半結婚、成為了一個孩子的母親，「認同」的缺口仍然沒有得到填補。因此，一旦在日常生活中被碰觸到那個缺口，就算沒有人忽視自己，她也會覺得自己被對方忽視，變得非常暴躁。

　　我心裡也住著一個像這樣的孩子。雖然總害羞得轉過身，還是想被稱讚做得很好；雖然是為了自己而做的事情，還是希望有人能看見；雖然覺得應該更加努力，還是想得到「這樣已經很好了」的肯定。假如我和初戀對象順利結婚，現在孩子可能都快成年了，然而，我心中還是有個尚未長大的孩子，正在獨自哭泣。

　　不管到三十歲、四十歲還是五十歲，無論年齡大小，每

個人心中都住著一個孩子。小時候已經獲得滿足的部分，將隨著時間一歲、一歲增長到與自己相符的年紀；不過沒有被滿足、遺漏掉的缺塊，仍然停留在那時候的年紀。當遇到和那個缺塊類似的情況時，我們的反應會跟平常不同、變得更加激動。因為那一瞬間的我不是成人，而是一個孩子。

每當察覺「我不該反應這麼大，我到底怎麼了？」的時候，就回頭看看心裡的孩子。儘管有了一份體面的工作、儘管年紀增長、儘管成為了父母，心裡那個小小的孩子也不會一下子變成大人。我們只是因為「有了像樣工作、上了年紀、當了爸媽」之類的原因，暫時忽略了那個孩子的需求而已。或許在受傷流血的時候，要仔細觀察傷口並不容易。可是如果我們沒有妥善照顧那個孩子，不管歲月如何流逝，他都會突如其來地出現。

即使內心刺痛發麻，也要正面直視心裡的那個孩子。我決定要臉皮厚一點，讓我心裡的孩子有機會長大。雖然沒辦法對所有人都這樣，但至少我可以對親近的人說：「我超級努力了，快稱讚我吧！」請他們摸摸我的頭；或是在社群上分享每天多賣力過活時，引導大家留言：「你真的很努力！好棒！」就算這些認同是求來的也沒關係，只要能夠讓心裡的孩子長大一點點，我都會鼓起勇氣。

風吹動是
為了經過，
不是為了停留

不是選了這份工作才不安，
而是人類本來就是在
不安中生活。

人有種矛盾的心理，希望定居在同樣的地方、過安定的生活，卻又覺得千篇一律的日子無聊。假如突然波瀾壯闊，大概也會忍不住埋怨上天：「為什麼這樣考驗我？」並祈求明天風平浪靜。從這種膚淺的心理來看，我想「不安」可能是人類的基本配備。新事物之所以有趣，是因為將無法預測的不安轉化成了樂趣；日常瑣事之所以值得感恩，也是因為在大起大落的不安中學到了教訓。

　「人生為什麼這麼難？是我選了一份太艱難的工作嗎？不安到快瘋了！」某天凌晨喝了酒，我發了一小段貼文到社群軟體上。曾經霸氣宣告：「我要做自己想做的事過活！」的那個我，不知道去了哪裡。現在的我彷彿一棵瑟瑟發抖的柳樹，覺得自己差勁透了。

　酒醒之後理性回籠，我連忙打開手機想要刪除如此情緒化的發文。結果螢幕上跳出了預覽視窗，顯示十五分鐘前傳來了一封私訊。來不及了……收到的訊息不能不回覆，我一邊懊惱：「唉，應該早點刪除的！」一邊咬緊牙關點開訊

息。訊息裡是一位網友的安慰，他和我在差不多的時間點，轉職成為自由工作者：

「我覺得會感到不安，並不是因為我們是自由工作者！上班族、開店的人、公務員、考生、無業遊民也都很不安。上班族擔心會議順不順利、升遷有沒有望、能不能跳槽到更好的公司；開店的人擔心客人來不來、有沒有突發狀況、還不還得清貸款。公務員擔心會不會有人申訴、主管好不好相處、處理個案是不是會出錯。不是選了這份工作才不安，而是人類本來就是在不安中生活。請相信自己的選擇！」

電視劇《愛的迫降》女主角、身為財閥繼承人的尹世理，在討論集團接班人的重要股東大會召開前夕，準備登上山頂飛滑翔翼。同行的下屬擔心風颳得太強，建議延後改期，世理卻俐落地笑著要他放心：

「你覺得風為什麼會吹？風是為了經過才吹動的，不是為了停留。唯有風像這樣經過，我才能飛翔。」

付出努力卻得不到回報時，我時常對人生失望透頂。哪

怕再怎麼向人生求情：「已經做到這種程度了，拜託答應我吧！」我的人生也像沒聽見一樣，從來不站在我這邊。所以我總是惴惴不安。可是仔細回想，一路走來有哪次輕鬆過關的嗎？既然沒有，為此感到難過是不是也算一種傲慢呢？不想付出代價，只想輕鬆度日的願望，本身就不切實際。

每個人都是一邊煩惱、一邊克服不安，努力不懈在生活，怎麼可能唯獨自己脫身？沒有一個人的身上沒有故事，我卻只把自己當成有故事的人。搭捷運的時候，空位不會體貼我站很久就主動出現，也不會察覺我腳痠而憑空冒出來。

「不安」這陣風吹過來，不是為了推倒我，而是在向我發出訊號，讓我沿著這個方向展開翅膀。

我們感到不安，就表示自己正為了克服難關而煩惱，站在抉擇向左還是向右的岔路口。無論最後決定往哪個方向，必須先奮力向前助跑，才能乘著風勢飛翔。假如雙腳被恐懼綑綁、咬牙緊踩著地面，便抵擋不了強風吹拂，最終失去重心跌倒。

我決定從現在開始，如果不安來到身旁，不再苦撐著與它抗衡，而是把不安當跳板，借力飛往更高更遠的地方。因為我擁有一對小巧、卻能充分發揮作用的翅膀。

沒有完全的優點，
也沒有完全的缺點

不要壓抑缺點，
把它昇華成你喜歡的事情吧！

我有一個缺點，就是情緒很容易被影響。跟朋友相處時，對方反應稍微冷淡就會在意個好幾天；跟另一半吵架時，除非和好，不然根本無法專心做其他事。就算犯下的錯誤極小，我的心情也像被人當面指指點點，恨不得找個洞鑽進去。每當受到影響，做出有點脫序、跟平常不一樣的行為後，我總是後悔到想撞牆。

　雖然人難免有尷尬的時候，但我的問題在於，一件小事過了好幾年仍然歷歷在目、無法擺脫。我追劇的反應也跟別人不一樣。電視劇裡的主角分手，我比自己分手時更心痛；如果電影以悲劇收場，我的情緒也跟著陷入無止境的低迷。甚至看到某句歌詞心裡一酸，便寫出長篇大論抒發心情。

　可能有人心想：「這是哪門子缺點？」認為根本不算什麼。不過身為當事人的立場不太一樣。情緒一旦被牽動，需要消耗大量時間心力才有辦法平復，導致腸胃不適、頭痛和失眠接踵而來，每次狀況皆不同。被消磨見底的我，也因此對瑣碎的事更加敏感、更加起伏不定。明明是自己的情緒，自己卻追不上它的步伐。

我深知自己的這項缺點，所以為了不在低潮時牽連他人，我儘可能像戴上面具一樣，努力控制說出口的話和顯露出來的表情；還有為了避免工作拖累別人，一再熬夜趕工。不斷壓抑到後來，我開始埋怨自己：為什麼妳這麼麻煩？像別人一樣不好嗎？有些事輕鬆帶過、不要在意就好了，為什麼做不到？

　　我花很多時間反省，結果徹底耗盡了心力，身體接連出現異狀。這些不舒服的病痛又讓我變得更加敏感，陷入沒有盡頭的惡性循環。

　　我的朋友們很常找我諮詢戀愛問題，跟另一半吵架之後就會傳訊息給我。每一次，我都會放下手邊的事情、全心全意回應。我想要幫好友解決情緒，也努力協助他們和好如初。某天，有個觀察力很強的朋友發現，我好像沒有跟以前一樣，積極承接朋友的苦惱了。她半開玩笑地說：「免費諮商室罷工了嗎？還是我該請妳吃頓飯？」

　　我笑著說不是，解開她的疑惑：「我覺得自己太投入在別人的感情裡了。這對我的消耗太大，甚至影響到工作。所以我正在學習克制。」

　　說到這裡，朋友突然浮現一個主意：「還是妳來說故事

給大家聽？現在妳寫的都是感性的文章，要不要嘗試結合新的型態？就像用文字做愛情諮商一樣。妳很容易感同身受，也擅長帶入自己的情感，很適合幫人梳理原委和解決問題啊。不要壓抑缺點，把它昇華成妳喜歡的事情吧！」

從那天起，「Yum Radio」這個平台誕生了。在我上傳的所有文章中，這種型態得到的回應最熱烈，讓我增加了很多新讀者，成效非常好。

電影《復仇者聯盟 Avengers》中有一個角色叫做浩克。平常他是極為理性又有教養的班納博士，但一生氣失去理智，就會變身為一身怪力的綠色巨人「浩克」。班納無法預測自己變成浩克的時間點，所以沒辦法居住在都市裡，因為浩克會不顧後果大肆破壞東西、傷害人群。於是班納放棄了平凡的生活，躲到一個隱密的地方，尋找治療自己的解方。

他用盡各種方法、想醫治好會變成怪物的自己。然而復仇者聯盟找上了班納，他們的想法跟班納不同。他們認為變身後的浩克擁有非凡的能力，有助於守護地球。復仇者聯盟說服一直否定自己的班納、邀請他加入，他們會在和敵人打鬥時激怒班納、召喚出浩克，運用這樣的方式合作。

後來過了很長一段時間，當復仇者聯盟需要浩克幫忙，再次找上班納的時候，眼前的情景完全超出預料。他們見到身形巨大的綠色浩克，內在卻是理性且能與人溝通的班納。浩克的怪力和班納的理性達到了和諧，讓他可以用浩克的樣子、在不失去理性的情況下生活，簡直所向無敵。原本浩克對人們而言是一個恐怖的不定時炸彈，可是浩克和班納完美結合之後誕生的「浩克博士」，甚至成為了受到民眾歡迎、高人氣的明星。

　　浩克對來找自己的復仇者成員說：「以前的我很痛恨自己，把浩克當成一種病，想要解決並消除他。不過現在的我反而把浩克當成解藥。十八個月的伽瑪實驗讓我成功結合頭腦與力量，兩方的優勢都得到了。」一開始認為是疾病的缺點，在學會正確的使用方法後，成為了最強勁的助力。

　　沒有完全的優點，也沒有完全的缺點。優點可以是缺點，缺點也可以是優點，就像火和水一樣。火足以燃燒整座村莊、帶來傷亡，但同時也是幫助人類維持體溫、加熱食物的必要存在。水能夠吞滅大地、奪走性命，但同時也能滋養生命、補充人體至關重要的水分，對人類而言不可或缺。

　　事情沒有絕對的好壞，只不過在區分優缺點之前，我們

必須先具備一個心態：勇於承認自己的缺點。一昧否認：「我才沒有那樣！」把自己侷限在框架中，就會失去可以克服缺點的彈性。沒有人只有優點或只有缺點，缺點與優點都是「我」。優點與缺點必須達到平衡，才能真正成為自己。不要討厭那些住在心裡的自己。

也許現在就是
最好的時光

如果把所有問題視為阻礙，
那麼人從出生到死亡
都是一條艱困的道路。

每到婚禮旺季的五月，朋友B總是把「好想趕快和男友結婚！」掛在嘴邊。原本以為是她深愛著男友，不過朋友想結婚的真實目的，似乎是為了「安全感」。她認為結婚後經濟上相對寬裕，也能夠擁有一個站在自己身邊的隊友。我聽著B的話點了點頭，身旁婚齡四年的姐姐卻反問：「妳現在對妳們的感情有安全感嗎？男友常常為妳著想嗎？」

　　B回答：「我們存的錢不多，目前沒什麼特別的感覺。還有男友好像把很多事情看得比我重要……所以我才想說，結婚後會不會好一點？」聽完B的答案，姐姐不禁勸告：「懷著這樣的心情結婚，很容易後悔喔。」

　　「倆人一起生活，確實比獨自一人更能感受到溫情。但是要說經濟上的安全感？結婚之後要花的錢更多。妳生個孩子看看，生活費咻咻就沒了！再說到安全感，現在沒有站在妳這邊的人，婚後就會站在妳這邊嗎？即使結了婚，妳男友除了妳，還是有很多更看重的東西吧！當然也許會更在意妳，但不可能像妳期待的那樣大轉變。戀愛時帶來安全感的人，婚後可能帶來更大的安全感；戀愛時處處替自己著想的

人，婚後也可能更站在自己這邊。不過如果不是這樣，所有問題結了婚就能夠解決嗎？我覺得不太可能。」

「青鳥症候群 Bluebird syndrome」是指像比利時劇作家莫里斯・梅特林克 Maurice Maeterlinck 創作的童話劇《青鳥 L'Oiseau Bleu》主角一樣，對於現況充斥不滿，一心追求理想，盲目相信未來肯定更美好的人。擁有夢想和目標是好事，但是青鳥症候群的盲點，在於他們希望自己置身於沒有痛苦、只有快樂的世界。「只要事情過了就會好起來！」、「只要做到這件事就一切沒問題了！」為了否定現實，他們深信一旦可以達到某項附加前提，例如：「只要上了大學」、「只要換了公司」、「只要結了婚」，事情就會無條件好轉。

假如遇到不想唸書只想賺錢的人，我會很想告訴他：「讀書時期很寶貴，開始求職後很辛苦喔！」；對於不想應徵或面試，只求趕緊去上班的人，也想讓他知道：「要把握還在找工作的現在，一旦開始領薪水後會更忙碌」；面對懷孕不舒服想趕快生產的人，也希望告訴她：「好好珍惜孩子待在肚子裡的時候，等孩子出生、爬來爬去，還有很多其他的煩惱」；假如有人因為孩子聽不懂大人說話，希望孩子快

點長大，也想要跟他說：「現在是很棒的時期。孩子越來越大、進入青春期後，將遇到更多的困難」。

生命中沒有一勞永逸的方法。如果把所有問題視為阻礙，那麼人從出生到死亡都是一條艱困的道路。解決了這個問題，那個問題冒出來，解決了那個問題，又再出現其他問題。烏托邦的理想世界，可能要死後才會出現。能夠一次打開所有門鎖的萬能鑰匙並不存在。玩遊戲時破了一個關卡，就有下一個關卡，人也是這樣，在生命中一再經歷不同的考驗。不要從一開始就認定自己正在走的是苦難之路，走過去之後，也許未來某天會發現，當初那個時期原來如此美好。

此刻就是
該堅持的時刻

天空不是藍的嗎？
但是被很多雲遮住的話，
就會覺得天空是灰色的。

有時候，預料外的大筆花費會讓我的存摺岌岌可危。如果可以按時領薪水，或許不用對下個月如此不安，但我是靠結算版稅、收入不穩定的自由工作者，不得不為此戰戰兢兢。我的支出固定不變，收入卻越來越少，經濟壓力是不容忽視的難關，也導致我第一次對自己的工作產生質疑：「這個選擇錯了嗎？」

　　幾年前，我抱著無所謂的心情，瞞著家人偷偷向許多公司投了履歷，有幾家還通過初審去面試。不過在面試的時候，我發現容易焦慮的自己竟然一點也不緊張，這讓我意識到：「原來我沒有那麼迫切想進入公司體制。」

　　察覺自己真實的心情後，我徹底放棄了「領一份穩定薪水」的想法。但看著存摺上的數字越來越少，連一萬韓圜（約台幣兩百五十元）的花費都需要猶豫再三。我很喜歡這份工作，現實面來說卻很難維持生計。這導致我的心裡相當難受，不斷責備自己：「要是可以做得更好，就不用做這種取捨了」、「為什麼硬要喜歡這種難賺錢的工作？是瘋了嗎？」

某天寫完稿，我和經常共同討論書稿的前輩作家一起喝咖啡。前輩很照顧我，也貼心問候我最近有沒有碰到困難。

　　「我非常喜歡寫作，可是這份收入太不穩定，我深怕以後造成家人的麻煩，可能做不了太久。」我半開玩笑地說出了真心話。

　　當時前輩緊緊握住我放在咖啡杯把手上的手，說他自己也經歷過這樣的時期。「出到十本書左右之後，版稅的起伏會穩定許多。而且妳知道嗎？其實上班也不等於穩定，有的部門一夜之間被裁撤，也有人因為公司財政困難遭到解僱。如果還喜歡現在這份工作，一邊去便利商店打工也能一邊做下去。妳之前說，寫作就是一種幸福，帶著這份初心試著堅持下去吧！妳的人生還過不到一半呢，不要因為現在辛苦，就斷定自己最後不會成功。」

　　Netflix 電視劇《勁爆女子監獄 Orange is the New Black》中出現了一幕這樣的場景：美味蒂 Taystee 由於固執己見，把整個局面弄得一團糟，她責怪自己、並呈現放棄一切的委靡狀態。這時，在她身邊的蘇珊安慰了她：「妳現在所感受到的情緒不是真的。相信我！天空不是藍的嗎？但是被很多雲遮住的話，妳就會覺得天空是灰色的。實際上天空一直都是藍

色，從來沒有變過，只是灰色的雲暫時經過而已。」

　　只是因為烏雲遮蔽，天氣才如此陰沉。我現在知道雲層散開後就能看見晴朗，因此產生了再多堅持一下的自信。

　　沒錯，現在就是該堅持的時候。年紀和我差不多的朋友紛紛在公司站穩了腳步、薪水節節攀升，但是我的收入卻朝著反方向前進，導致我心裡有點羞愧。回老家的時候，想給父母一個大紅包，遞上薄薄的信封時也忍不住感到淒涼。然而抽離這些層面思考，我並不是那1%帶著天賦出生的天才，沒辦法永遠取得好成績。有時候做得好，有時候做得不好，這是很自然的現象。

　　從做這份工作開始，比起當一個「儘快」實現目標的作家，我更想成為一個「長久」陪伴讀者的作家。拼拼圖時通常不會從有著華麗圖案的正中間著手，而是從邊緣一片片拼起來；同樣的道理，我認為我的生活也將隨著一片片拼湊而變得完整。我決定不再患得患失。

沒有根治的方法時，
對症治療也是一種治療

先適當收拾、想辦法度過難關，
也許等時間過去，
不知不覺就會找到真正的解方。

我在MBTI人格測驗中第四個項目是J（Judging，判斷），也就是計畫型的人。而且不是各項指標均衡的適度計畫型，而是集中偏頗於一端的完美計畫型。假如我的家境稍微更富裕，面對瑣碎的失敗或許能夠笑笑帶過，但現實中的環境並不允許，即使風險再小，我承受的打擊還是很大。無論如何必須減少失誤，找為此不得不制訂出能夠徹底執行、完美度200%的計畫，這些習慣使我變成了J型人。

　可是再怎麼慎重，有人就有變數。當我認為某件事的出錯率微乎其微，不需要太在意時，那些「該不會吧」偏偏就是這樣發生了。我總是對自己的掉以輕心無比自責，也因為預料外的難題驚慌失措。在我這個年紀，與其說「明天」是令人高興、期待又充滿希望的存在，不如說是令人擔心、害怕又困難重重的存在。

　不過偶然間聽到的一個單字，卻讓我心裡那一堵又高又厚的牆徹底瓦解。那是一則關於新冠肺炎COVID-19治療方針的新聞。因為目前沒有根治的藥物，只能採取「對症治

療」，也就是只針對症狀進行應急的處理，是一種在難以解決病因的情況下，不得已的折衷方式。發燒時提供退燒藥、咳嗽時提供止咳藥、積痰時提供祛痰劑，像這樣在症狀出現時，開立相對應的處方來緩解。儘管沒有藥物治療，但還是能幫助病患緩解症狀，避免造成生命威脅。我們經常得的「感冒」，也是使用對症治療的疾病之一。

我不禁想，對症治療或許跟我們的生活很相似。某個突然出現的問題讓內心受了傷，雖然無法立即找到100%解決問題的答案，但是先適當收拾善後、想辦法度過難關，也許等時間過去，不知不覺就會找到真正的解方，發現：「當時如果這樣做就好了！」

然而以前的我沒有領悟到這個道理，被「必須解決所有問題」的執念緊緊束縛。一旦問題沒辦法解決，就永無止境地彷徨，對於「今天」的存在感到難以忍受。但人生啊，本來也沒有正確答案，即使每天對症下藥又無妨，活下來就好了。為什麼要如此折磨自己呢？

心理學家史丹利・舒赫特Stanley Schachter、傑羅美・辛格Jerome Singer 提出了「兩因素情緒理論Two factor theory」。這

個理論是說，當人體受到某種刺激誘發生理反應之後，大腦將針對出現這些反應的原因進行分析，並依照分析出的結果引導情緒。例如，有一個人走在路上，看到一隻狗塊頭很大又長相凶猛，正朝著自己的方向靠近。這個人從看到狗的瞬間，心臟就開始快速跳動，於是大腦陷入思考：「心臟為什麼跳得這麼快？」並分析出：「因為遇到一隻可怕的狗，所以心臟跳得很快」的結論。這種心跳反應形成了「恐懼」的情緒。

相反地，假如這個人走在路上，看到暗戀對象朝自己走來，這一瞬間心臟開始快速跳動。大腦同樣展開分析：「心臟為什麼跳得這麼快？」但得出的結論卻是：「因為遇到了喜歡的人，所以心臟跳動得很快」。而這種心跳，則形成了「愛」的情緒。

同樣是心跳加快，情況不同，形成的情緒也截然不同。然而，體驗過這兩種情緒之後，假如這個人在經過搖搖晃晃的高聳吊橋時，對面來了一個初次見面的人。明明心臟是因為害怕搖晃的吊橋而怦怦跳，大腦卻有可能依照經驗分析出：「咦？心臟為什麼跳得這麼快？難道我被那個人迷住了嗎？」的錯誤結論。

以前每當計畫亂了套，我總是非常焦慮不安、提心吊膽。不過我在遊樂園搭雲霄飛車，爬到最高處、即將墜落的前一刻，也是同樣的焦慮不安、提心吊膽。雲霄飛車是先讓人產生恐懼感，再帶給人們刺激的樂趣。同理來看，其實我也可以期待無法預料的明天將帶來多少刺激，並享受那份恐懼背後的樂趣。

　　但我卻總忙著閃躲。事情不順利的時候，大腦明明可以想著：「這件事情完全沒想過呢！我又了解一個新領域了！」來創造出快樂的情緒，但之前的我卻不斷從口中吐出負面的詞語，讓自己不得不討厭充滿變數的「明天」。

　　從現在開始，我決定把這些突然出現、讓我驚慌失措的事件當作「客人」。好的客人會啟發我：「我應該要像這個人一樣」，不好的客人也是種學習：「我絕對不要像這個人一樣」。不管哪種客人，都是教導我、啟發我的基石，只要是來到我這裡的，都是值得歡迎的客人。當我提升了對於計畫變動的彈性，我相信，我的生活才會真正屬於自己，而不僅僅是隨著外在擺盪、沒有主導權的生活。

就像在看地圖，從上往下看吧

把視線範圍放寬一點。
想要預防意外發生，
必須看得更遠，
要把握整體狀況才行。

準備考駕照的那天，在即將開始道路駕駛、繞行第一個路線的時候，教練對我說：「妳全部都做得很好，不過妳現在為了要遵守馬路的標線，只盯著眼前的地方踩油門。把視線範圍放寬一點。想要預防意外發生，必須看得更遠，要把握道路上的整體狀況才行。假如緊盯著前方車輛的車尾行駛，萬一前方的車緊急剎車、或是旁邊突然有車插進來，妳會來不及反應。」

　心理學家丹尼爾・西蒙斯Daniel Simons和克里斯・查布利斯Christopher Chabris做了一個「看不見的大猩猩」實驗。他們拍攝了一段影片，有三個身穿白衣的人和三個身穿黑衣的人在球場上互傳籃球。他們將那段影片給人們看，並要求觀看的人不用理會黑衣人，只需要計算白衣人總共傳了幾次球。等影片播完之後，他們問觀看者：「有人看到一隻大猩猩嗎？」實際上在影片中，有一個穿著大猩猩服裝的人從旁邊走過。但是超過一半的觀看者都沒有看到大猩猩。

　這個實驗告訴我們，當我們專注在某一件事情上時，可

能因此看不進去其他的東西而錯過某些事物。全神貫注在一棵樹上，眼睛裡就沒有美麗的森林。

　　站在道路中間時，身邊聳立各種建築物和遮蔽視線的圍牆，讓人搞不清自己走的路到底對不對。可是當我們打開地圖應用程式，一眼就能看到路怎麼走、哪裡正在塞車、那棟建築是幾號、哪裡有更快速的捷徑。因為是從上往下看。

　　別人的事情總是比較好解決，也是同樣的道理。「如果是我就不會那樣做」、「照理說這件事沒有那麼累人」、「這樣不是理所當然的嗎？」能說出諸如此類的話，是因為我們並沒有實際參與那個人的人生，而是保持一定距離、站在第三者的立場，以宏觀角度來做觀察。然而，假如今天我成了當事人，即使面對同樣的情況，八成也提不出同樣的客觀見解。即使知道方法，也很難果斷做出決定。

　　人生很茫然，並不是因為我的人生特別沒有出息、或是有缺陷，而是由於我站在馬路中間。像路痴一樣四處徘徊不見得是糟糕的事，這表示還有很長的路可以走，還很「青春」。如果那是一條必須走的路，與其看著眼前的圍牆而挫折，不如抬頭環顧左右吧！路邊盛開的花、自在散步的小

狗、在嬰兒車裡睡得香甜的孩子、溫暖的陽光、愉悅的微風、畫一般美麗的天空。這些美好的景致正陪伴著我、為我打氣。我不該緊盯著地磚走路，稍微放鬆一點、讓視野變得更加開闊，世界將回報我無與倫比的美麗。

你值得多一點的寬容

在妳這個年紀，
不管做什麼都很可愛啊。
做得不好也可愛，
做得好會更可愛！

幾年前我和媽媽的一個朋友吃飯，我都很自在地叫她「阿姨」。阿姨說她認真拜讀了我的書，希望我在書封上簽名。一看到阿姨拿出來的封面，我的大腦彷彿停止了運作，那是我的第一本書。「呵呵，為什麼偏偏是這本？」我表面上在笑，心裡卻用力皺起了眉頭。

「哈哈，阿姨！這本書讀起來很幼稚、而且不怎麼樣吧？下次我再送您其他本。這本是我第一次寫的文章，肯定有很多不足……」我自己刺了自己一下後，搶先在阿姨開口前，尷尬笑著辯解。

阿姨搖了搖頭，打斷我的話：「我覺得這本書讀起來很有趣，才拜託妳簽名的喔！而且在妳這個年紀，不管做什麼都很可愛啊。這個年紀做什麼都可以，做得不好也可愛，做得好會更可愛！」

當時我對阿姨說的話毫無同感。

「這只是客套話罷了。怎麼可能做什麼都可愛呢？做不好一定會被嫌棄的……」

幾年後，和當時的我差不多年紀的後輩聯絡我，希望我幫他看一下書稿企劃。這是他準備要交給出版社的投稿，因為第一次寫書，他很擔心自己不小心犯錯，所以鄭重拜託我，哪怕大略翻翻而已也沒關係。起初我婉拒了，心想：「我的資歷也沒有很深，不會有什麼幫助」。但後輩誠懇請求，說只要我幫他看過，他就能鼓起勇氣交出去。雖然不覺得自己算哪根蔥可以給建議，但想起我也曾經如此徬徨，非常能夠了解他的心情，於是請他把企劃案寄給我。

　　我收到企劃案後立刻打開了。雖然不是我寫的，嘴角卻不自覺露出了微笑。先拋開好壞，單看內容就感受得到他的努力從字裡行間源源冒出來。不用問也知道，他不曉得有多少個晚上，為此煩惱到徹夜未眠。此刻我終於理解阿姨說的，「即使做不好也很可愛」的意思。生疏、不熟練，都是這個人還年輕的證明，而年輕，本身就俱備可愛的特權。

　　我是一個非常吝於稱讚自己的人。別人的優點再不起眼，我都能立刻發現並列舉出來。輪到自己的優點時，卻用極度嚴苛的標準來審視：「這不算優點吧」、「這種程度每個人都做得到」、「現在順利不代表接下來順利」。我身上所有的好都彷彿海市蜃樓，隨時可能消失、像是從來沒存在過。

因此即使有了成就，我也不敢坦然享受那份喜悅，還會試圖讓自己儘快從興奮中脫離出來。我怕自信滿滿地搭上飛機，接下來就會急速墜落。

就這樣，我自然而然養成了聚焦缺點的習慣。彌補好自己的瑕疵，才能維持平和的表象。比起積極正向的一面，我更注重自己消極缺憾的一面。儘管周圍的人稱讚我做得好、說我很了不起、表現得很帥氣，我也認為那是場面話。不是懷疑別人的真心，而是害怕自己被稱讚之後得意忘形，很快露出馬腳。

神經心理學家瑞克・韓森Rick Hanson 提到：「人類為了生存，在演化的過程中會更專注於壞消息，而不是好消息」。

好的事物僅止於好的體驗，但出現不好的事物，我們必須思考造成的原因、改善的方法、是否帶來傷害等數十項問題，然後制訂因應的對策，以此避免傷亡。

例如吃美食或玩遊戲還有下一次機會，但遇到兇猛動物或吃進有毒果實，可能就此一命嗚呼。這是進化的產物，也是人類的本能。

因此，負面思考並不是全然的壞事。腦科學家所說的「負面效果Negativity effect」中也指出，當出現正面和負面的消

息時，負面消息對我們心理層面的影響更大。簡單來說，就像某個人有九件事做得很好，但只要做錯一件事就會變成壞人一樣。

即使我擁有很多熟練、美好的面向，可是我眼裡卻只看到自己差勁的樣子，並深深篆刻在腦海裡。所以我一年四季都比不上別人，無法允許自己稱讚自己。但後來我漸漸發現，做不到、犯錯、失落僅僅佔生活的一部分，於是我對自己稍微寬容了一點。過去我只和「有缺點的自己」交好，但今後我也想和「有優點的自己」和解。

我決定，就算有不足的地方也要安慰自己、就算成果不順利也要肯定自己的努力、就算進度緩慢也要給予自己支持。因為還有犯錯的空間，代表我還年輕。

盯著錯誤出手
也是一種勇氣

勇敢地滑！勇敢一點！
就算跌倒也不會死。

還記得小時候第一次滑冰的那一天。我的運動神經、平衡感都不怎麼樣,去滑冰場的路上還在擔心學不學得會。到了現場之後,我發現比「學會」更大的問題是「害怕」。我比任何人都清楚自己的運動能力,實在很難相信自己,這帶給我龐大的恐懼。「跌倒一定很慘!」我曾經在路上跌倒過,所以知道那痛到什麼程度,可是我沒有在冰上跌倒的經驗,無法預測有多痛。聽到別人說:「跌倒一不小心可能骨折」、「在冰上跌倒很嚴重,絕對不能開玩笑」等可怕的話之後,年幼的我被冷颼颼的恐懼感淹沒。

　　大約過了十分鐘,其他小朋友已經滑著冰刀慢慢前進,只剩我依然在原地踏步。與其說我在「滑冰」,不如說是「踩著滑冰鞋走路」更準確。總之我完全沒有進展。媽媽喊著:「宥美,勇敢往前滑!勇敢一點!就算跌倒也不會死。不一口氣滑出去很難平衡,身體歪歪斜斜反而更容易跌倒!」

　　實在看不下去的小舅舅,借了一雙滑冰鞋走進滑冰場。有舅舅在旁邊,我開始有了一點自信。每當快要失去重心的時候,舅舅就會抓住我,這讓我放心不少,跨出去的步幅也

比剛才更大了。右腳遠遠滑出去之後左腳點一下地，右腳再次遠遠滑出去之後左腳再點一下地。就這樣不斷反覆，我發現必須朝對角線勇敢滑出去，上半身順勢向前延伸，才能確實保持平衡。在這之前，我的上半身僵直得硬梆梆，跨步時太過小心翼翼，整個人搖搖晃晃、重心非常不穩。等我明白了滑冰的原理並重新調整心態後，我勇敢、大步地輪流滑出雙腳，總算能夠順暢向前進。我終於成功學會了滑冰。

「原來這樣滑也不會跌倒啊！」在此以後，我想像自己成了一名滑冰選手，擺好姿勢、把身體託付給整個冰面。我確實感受到了滑冰的樂趣。但是在開放時間結束前十五分鐘，我差點跌一大跤。明明在初學階段沒有跌倒，為什麼學會滑冰之後，反而面臨這樣的危機呢？原因也是因為「害怕」。

我拚命向前滑，連媽媽朝我揮手都看不到，結果太過興奮到忘記要減速。不久前我即使滑得很有自信，一旦速度太快還是知道要縮腳減速，然而快速滑完兩圈後，我不知不覺有些得意忘形。

「咦？好像真的太快了？再這樣下去會跌得很慘吧？」我倒抽一口氣，瞬間湧現一股緊繃感、想盡辦法減速，掙扎到最後失去了平衡。幸運的是，有一位不認識的大人剛好從旁

邊經過抓住了我，所以沒有真的跌倒。可是那份恐懼揮之不去，開放時間還沒結束我就走出滑冰場、脫掉了滑冰鞋。

　　這件二十多年前的趣事之所以出現在我的腦海，是由於我最近突然覺得，現在的自己好像和當時沒什麼不同。

　　我的主要工作是「作家」，就像農夫年初要計劃一整年的農事，我也需要做出規劃，決定這一整年要寫什麼稿子。自己先有初步想法之後，接下來向各家出版社投稿、開會聽取意見，同時出版社也會向我提案，詢問是否有意願出版哪類型的書籍，我同意後就再次開會、整合所有意見。

　　雖然不知道在別人耳裡聽起來如何，但花費至少一年才得以出版的書，一定要有好的表現才行。萬一成績不好，一整年的工作就搞砸了、信任我的出版社將面臨銷售危機，和數月密切往來的編輯聯絡時也非常尷尬。於是隨著資歷和知名度的累積，我耍小聰明的伎倆變多了。我認為就算沒辦法大賣也沒關係，達到平均值以上的水準就可以了，也因此養成專做擅長事情的習慣。一旦失敗就會挨罵、風險也很大，這些種種考量，導致我對於發展新方向這件事猶豫不決。

　　儘管身邊的人紛紛建議：「妳很適合這個類型」、「那樣做一定能表現得很好」，我的理智卻總是領先我的心。剛入

行的我燃燒著很強烈的企圖心：「儘管失敗也要嘗試一次看看！」但最近的我卻百般防備：「之前沒事找事亂嘗試，結果浪費時間、浪費錢，還被罵得很慘。不要再這樣了！」

　　我想要改變，可是不想讓對我抱持期待的人失望。這份貪心綁手綁腳，每當被卡住無法前進時，就會忍不住想：「我明明還沒老，為什麼這麼守舊？」而心酸得睡不著覺。

　　想在射箭比賽中獲得高分，其中一項需要具備的技能就是「偏瞄準aim-off[1]」。「正瞄準」是指瞄準靶子正中心的十分位置射箭，而「偏瞄準」則相反，是指計算風向和強度後，瞄準遠離正中心的七到九分位置射箭。箭矢飛行時會受到風的影響偏離路線，而偏瞄準，就是連同偏離的可能性一併估算，預測出最終可以射中十分位置的射箭方法。

　　偏瞄準並不像敘述得這麼容易執行。明明目標是十分，卻要對準七到九分的位置，甚至是五分位置出手。風勢越大，越要勇敢朝反方向射出手中的箭。但要是瞄準五分後來真的射中五分，夢寐以求的名次肯定也因此遠去，所以判斷

1　偏瞄準：韓文漢字為「誤照準」，為韓國習慣用法，無相對應英文或中文字詞。以其代表意思搜尋中文資料後選擇譯為「偏瞄」。（與弓箭手悖論（Archer's Paradox）產生原理不同，故不以此字詞翻譯。）

依據比想像中複雜很多，精神面的壓力也非常大。然而，如果按耐不住，心生「再瞄準中間一點比較安全吧？」的念頭而退縮、調整了方向，最終可能拿到更低的分數。

差不多七年來，我以作家的身分頻繁出現在許多社群媒體上，一直寫著類似的文章。剛開始發展得很順利，而且維持也比改變輕鬆得多。可是逐漸下降的訂閱人數、按讚數和留言數，間接證明了我的行為並不符合現代潮流。儘管我很早就知道必須改變才能生存，卻沒有確實付諸行動。我很害怕：「改變之後真的就能生存嗎？維持現況也不完全是件壞事，萬一沒頭沒腦改錯方向，會不會反而搞砸一切？」

在得知「偏瞄準」這個概念後，我再次感受到，時代正在吹起變動的風，而我卻固執瞄準十分的位置，死性不改。為了打破僵局，我決定改變過往的運作模式，抱持著擁有七年經驗的新人心態，回到最初的起點，重新開始。「我能成功挑戰全新的領域嗎？」、「我的選擇是不是錯了？」、「我會不會把自己搞垮？」雖然每天都有陣陣動搖我的強風襲來，但我願意抓住重心、持續挑戰。因為唯有相信自己並勇敢瞄準，才能讓箭矢射中靶子正中心的「十環[2]」。

2　十環：奧運射箭比賽中分數最高的位置。

不安就表示你為了克服難關，

而比其他人更加努力。

雖然每天都有陣陣動搖你的強風襲來，

不過就把它當成是一種信號吧，

沿著這個方向大步前奔、展翅飛翔！

PART 05

方 向

在黑暗中
為自己點亮微光

「全力以赴」
也包含了承擔後果

我拉開弓、
把箭射出去之後就收不回來了,
是我射得不好。

我高中時是典型的「棄數人（放棄數學的人）」。如果有人問我：「為什麼選文組？」我的回答不是「因為我喜歡人文科目」，而是「我討厭數學」。不過我又對成績很執著，數理科目放生的話，大學能夠申請的選擇立刻少很多，所以即使厭惡數學，我也還是苦苦撐著。可是三月的模擬考、四月的模擬考、一有空就練習的考古題，無論大考小考，我的數學成績始終靜止在慘淡的第三級[1]。

　　我不是數學天才，也沒有奢望能考到第一級。但明明我其他科目表現好的有第一級，表現不好的，付出努力後也可以升到第二級，就只有數學，只有數學，投入再多心力依然毫無波瀾。當時的我被激起了好勝心，決定在六月的模擬考專攻數學。反正是模擬考，其他科目考爛也沒關係，我鐵了心要拉高數學成績，奮力重新理解概念，也練習了大量的題目。結果，還是一模一樣的第三級。

1　韓國大學模擬考的級距，以韓國 2022 年 11 月模擬考為例，數學第一級原始
　　分數為 84、第二級為 73、第三級為 57。

「原來全力以赴也做不到啊！」

從此之後，我再也沒有動過拯救數學的念頭。

　　大學考試過了好多年，前陣子我突然想重新寫寫看數學考題。到書店一看，當時我寫過的那幾本試題冊都還在，讓我渾身起雞皮疙瘩。我買了一本基礎概念和一本試題本，回到家裡一章一章翻看。有的公式我至今還記得，一些熟悉的數學符號也讓我澎湃不已。我每天寫個幾頁，三個月就完成了整本試題。寫完全部試題的時候，本來應該很有成就感的我，不知為什麼心裡有點不太舒服。

　　我現在已經不需要考試了，也沒有從事數學相關的工作，即使分數再高也得不到任何好處。學生時期老師一再拜託我們認真讀數學，說到我們耳朵長繭也不願意聽。為什麼直到現在，才突然感受到數學的樂趣呢？真是令人費解。

　　金優鎮選手在2020年東京奧運會上的男子射箭個人組八強賽上失利後，有天我剛好看到他的採訪。

　　韓國是射箭強國，國家隊在團體賽上展現出相當優秀的實力、順利摘下金牌，因此個人組賽事也備受全國人民的期待。金優鎮選手在第一場十六強賽上，連三局取得滿分十

分，所有人都預測他至少可以拿到一面獎牌。然而出乎預料的是，他提早在八強賽上被淘汰了。

「這結果太令人震驚了！」當時記者們的提問十分犀利。

在落敗的選手耳中，這句話肯定很刺耳。但是金優鎮選手笑著回應：「這是件震驚的事嗎？體育賽事沒有篤定的結果，輸贏無論何時都可能翻轉，所以才讓人如此狂熱。我一點也不震驚。雖然很遺憾沒辦法展現一路來的準備成果，不過我心情很好。」

度過這個瞬間之後，記者再次提出了頗具攻擊性的問題：「在十六強的比賽中，你有九發子彈都拿十分，八強賽最後一局那八分是怎麼回事？」

一般情況下，韓國選手幾乎不會射出低於九分的成績，這句話隱約在指責他的失誤。對此，金優鎮選手也給出了溫和的回覆：「上午的比賽成績很好，下午的比賽成績不好（笑）。至於要說那八分是怎麼回事⋯⋯是我射出了那八分。不是別人射的。我拉開弓、把箭射出去之後就收不回來了，是我射得不好。」

然後金優鎮選手平靜做了結尾：「我在團體賽中光榮摘下了金牌，我想將這當成禮物，送給即將成為我太太的女友。雖然個人賽有些遺憾，但這就是人生。怎麼可能只有完

美結局呢？東京奧運順利結束，也圓滿落幕了，沒有可以再射的箭矢了。我會一邊彌補自己的不足，同時全力以赴準備出戰巴黎奧運。」

十九歲的我，拿到六月模擬考的成績單後失望透頂，從此不再接觸數學。這不是一個正確的決定。我撇過頭佯裝沒看見失敗帶來的痛苦，結果到了現在這個年紀，遺憾依然藏在心底深處，如今結果已經無關緊要了，才總算鼓起勇氣釋放它。早知道要拖這麼久，當初就不應該逃避。「全力以赴」不僅包含為了目標努力的過程，還包含了承擔最後結果的責任。即便失敗收場，也要確實承受緊接而來的悲傷、難過、憂鬱、後悔等所有情緒，才稱得上是全力以赴。

我們時常在報章媒體上看見「一定要全力以赴！」的標語。我總覺得「全力」這個詞已經被解讀成「必須減少睡眠、即使痛苦又辛苦、面臨苦難和逆境也要努力不懈」的代名詞，但是我的想法不太一樣。我認為所謂的全力以赴，是指在過程中認真付出，同時平心接受最後的結果，這樣才算是「全力」。進展順利的時候盡情狂歡；進展不順利的時候，也要正視隨之而來的痛苦，連同失敗後的衝擊充分接

納。不迴避、待到落幕的最後一刻，這樣一來，才能毫無遺憾重新出發。

　　儘管結果不如預期，也要持續不斷練習，直到真的心滿意足為止。因為攤開我們的每一天，不順的日子遠比順利的日子來得多。吃第一口飯不飽、大器晚成的情況更比比皆是。「這是我的選擇，是我自己做的決定，能夠做到這個程度已經很好了！但我期望能夠更超越自己。就算痛苦，也是我付出真心的證明。請稱讚我全神貫注的樣子吧！這次全力以赴的記憶，將成為下次前進的原動力。」讓我們一起溫暖擁抱那個枝頭尚未結出果實的自己。

一個人獨處
就等於孤單嗎？

與生俱來的氣質沒有好壞，
就像藍色和紅色，
只是顏色不同而已。

「氣質Temperament」是與生俱來的特徵，「個性Character」則是受氣質和環境影響的品性。如果氣質屬於基因預設好的先天因素，個性就是教養導致的後天因素，這樣想就很容易理解。

　我是　個氣質內向、個性外向的人。我天生就和主要扶養者、也就是我的媽媽很像，都是屬於內向型的人。不過也因為媽媽知道內向的人在成長過程中有多辛苦，所以她努力把我栽培成一個外向型的孩子。我小的時候，她積極幫我報名需要公開發表的比賽、故意帶我去搭乘恐怖的遊樂設施、寒暑假時讓我獨自搭公車到首爾的叔叔家住、送我去跆拳道館和舞蹈教室、建議我積極競選班長的職務……諸如此類的經驗非常多。

　不僅是我媽這樣想，整個社會上的氛圍也偏好外向的人。不知道為什麼，只要一個人獨處，就會被視為人際關係有問題、個性陰沉，或是沒有能力的人，身上掛滿負面偏見的標籤。我不想被這種有色目光注視，所以從入學開始，就

在班上擔任負責活絡氣氛、不斷拋話避免冷場的角色。我成功融入大家，所屬團體的氣氛也相當融洽，但奇怪的是，我的心情並不好，並沒有大家認為的快樂。

隨著時間流逝，我的疲憊感越來越重、只想快點回到家。讀書或工作時都一樣，在喧鬧的教室，或是只用隔板劃分空間的開放性辦公室裡，我完全無法專心。在家裡我隨手拿起一本書就可以當場讀完，可是在外面的時候，卻很難專注超過三十分鐘，沒辦法發揮我原本的能力。因此我都是在放學回家之後讀書，下班之後在家提前準備隔天的工作。

幾年前轉換跑道當全職作家，我獨自工作的時間變多了。好友們各自忙於生活，約見面的頻率變低，加上我不太出門，認識新朋友的機會實在不多。在公司上班的人，每換一次工作就拓展一次人脈；在家接案的人，也時常透過接案平台認識新朋友。只有我，是真的一直窩在家裡工作。我想如果哪天我結婚的話，扣掉那些官方客套的關係，真心誠意想邀請的人可能不到二十位吧。

「妳一個人獨處不孤單嗎？」這是身旁的人經常問我的問題。看來在大家的眼中，一個人就等於孤獨、迷茫、寂寞吧！不過我想說，這種觀點也是偏見。

大家沒有想到，現在的我才是最幸福的。工作上遇到困難，我可以擁有時間獨自思考該怎麼解決，也能用自己的方式執行；我想吃的時候吃、想睡的時候睡、想起身的時候起身。我不需要猜測那個人為什麼這樣，也不用戰戰兢兢擔心別人怎麼看我。這種能夠把所有精力投入在工作中的環境，對於內向的人而言再舒適也不過。

也因此，從前經常生病的身體變得健康、原本憔悴的臉恢復了生機，連膚色也漸漸明亮起來。被時間追趕的緊繃神經放鬆之後，我連個性都感覺更加寬厚。以前心裡總是充斥著莫名的怒氣，現在連上次生氣是什麼時候都不記得了。

兒童精神科醫生亞歷山大・湯瑪斯 Alexander Thomas 和史黛拉・切斯 Stella Chess 在關於氣質的研究中證實了「適配性 Goodness of fit」對教養的重要。當教養方式適合孩子與生俱來的氣質時，孩子的發展進程最為順利。

舉個例子來說明，假設有一個孩子天生的氣質敏感且挑剔。當這個孩子遇到溫柔、具有同理心和耐性的柔和教養者時，相對沒什麼問題。然而如果在權威、經常處罰、原則不一致的教養者手中成長，就會惡化原有的氣質表現，變得更加容易生氣、煩躁。就像這樣，氣質和環境無法相互適配，

將對孩子產生負面影響。

　　要求外向的人整天坐在安靜的辦公室裡看電腦，是一件非常打擊效率的事。必須讓他置身於可以活躍探索新環境、常與人相處的環境中，他才能最大限度發揮自己的長處。鯨魚應該在廣闊的大海裡徜徉、享受大自然，困在狹窄的水槽裡，空有再多潛力也不得不衰退。反過來說，要求內向的人整天在外面轉來轉去、與人打交道，也同樣是一件沒有效率的事。因為只有置身在安靜、安全、沒有變數的個人空間裡，他才能徹底發揮自己的能力。

　　「不要一直待在家裡，去外面認識新朋友吧！／不要成天跑來跑去，待在家裡不好嗎？」
　　「當一個公務員，有穩定的工作最好！／每天做同樣的事情不無聊嗎？」
　　「和很多人一起共事不累嗎？／自己一個人工作有什麼意思？」

不要被別人的觀念左右，試著覺察自己與生俱來的氣質吧。勉強和天性背道而馳，氣質的負面特徵很有可能因此被激發，甚至導致個性扭曲。

　　氣質沒有好壞之分，外向和內向，就像紅色和藍色一樣，只是顏色不同而已。盡情揮灑自己的色彩吧，描繪出獨具個人風格的美麗人生。

不要從自己身上
找別人情緒的答案

你做得好，
他們會因為你做得好而討厭你；
你做得不好，
他們會因為你做不好而討厭你。

「工作再累我都能忍受，但人造成的累卻讓我受不了。」平時不怎麼抱怨的朋友D，見到我後說出了這句話。

　　如果她是在一般公司上班，還可以勸她跳槽或換部門，但她是在公家機關上班，這樣的建議很難說出口。她寧願工作處理得不好被訓斥，至少知道是自己的錯，忍著聽一聽就算了；可是對方明顯是不滿意工作以外的部分，根本不知道該怎麼迎合，也無法改善。

　　打扮得端莊整齊時，對方說妳年紀這麼輕、為何穿得如此死板？穿得活潑一點，酸妳是想在這群前輩中突顯自己的年輕嗎？化了妝說今天化妝要幹嘛，不化妝說今天不化妝是怎麼了。沒在談戀愛時，挖苦妳青春都白白浪費了；要是正在談戀愛，又問妳這把年紀還不結婚，是不是哪裡有問題。小腹稍微凸出來一點，就覺得妳生活過太好，還諷刺妳是為了減肥才自己帶便當吧？是不是跟一般人吃的不一樣？

　　D每天身處在這種環境中，已經不記得自己進入公家機關前是個什麼樣的人了。始終得不到認可的她，感覺連自己

都失去了。「我有這麼糟糕嗎？」、「我特別奇怪嗎？」、「被針對到這種程度是我的問題嗎？」每次她都懷疑是自己的錯、擺脫不掉自責感。

看著燒酒一杯杯灌下肚的D，我開口的第一句話是：「妳不需要期待別人的認可。」我告訴她，當別人對我們拋出任何的情緒時，不要從自己身上尋找原因。

「那些人會那麼說，和妳的對錯沒有關係。妳做得好，他們會因為妳做得好而討厭妳；妳做得不好，他們會因為妳做不好而討厭妳。無關妳這個人，人際關係本來就是如此。他們是連妳呼吸都看不順眼的人。比起在乎他們，希望妳能更在乎在身邊支持妳的我，轉換一下心情。」這是我能對現在的D所說的最佳建議了。

伊索寓言中有一則《父子騎驢》的故事。有一對父子想到市集上賣驢子，兩個人便準備牽著驢子到隔壁村子去。

父親讓兒子騎上驢子後，旁邊看到的人們議論紛紛：「年輕力壯的兒子騎著驢子，讓年紀老邁的父親走路，真是不孝順。」

於是父親讓兒子下來，自己騎上了驢子。然後人們說：「居然放年幼的孩子一個人走路，真是沒有父愛。」

聽到這番話，父親自己和兒子便一起騎上了驢子。然後聽到人們指指點點：「竟然讓驢子一次載兩個人，實在太可憐了。」結果兩個人就下來一起扛著驢子。

　　看到這般景象的人們紛紛大笑：「人居然扛著驢子走，真是愚蠢！」驢子被突然的笑聲嚇到，掙扎了一番後掉落到河裡。結果，這對父子還是沒辦法滿足眾人的標準，甚至連驢子也丟了。

　　即使我只是躺在地上呼吸，也有人喜歡我；無論我長得多漂亮，也有人討厭我。想要得到所有人支持是不可能的。尤其在一個團體中，一定會有那麼一兩個人，對別人的事情特別感興趣。但那樣的人也不是只罵我一個人，一旦去到其他場合，就會再瞄準其他獵物，咀嚼、撕咬、品嚐並享受樂趣。換句話說，問題不在我們身上，而是在那個人身上。

　　「他的人生一定很孤獨又無聊，才那麼關心別人。」用憐憫的心看待他們吧！比起痛苦於無法改變的人際關係，我們更需要想著那些為自己著想的人，用最好的態度照顧自己。

直線前進
不一定是正確答案

在我們的生活中，
還是有不得不放慢速度的時候。

我做完一天該做的事情，躺在床上怎樣也睡不著。這樣的夜晚一天重複一天，身體已經疲憊到出現眼睛刺痛的訊號，精神依然不甘願休息。「事情真的做完了嗎？」、「是不是應該再多做一點？」出於內心某個角落的不安，我再次打開了關掉的燈，坐到書桌前面。重啟工作三小時左右，當窗外的天色漸漸變亮，這才終於倒在枕頭上。不是因為想睡覺而睡，而是累倒才睡著的。

　　第二天早上醒來，身體和心靈沒有絲毫的舒暢感，準確來說，也已經不是早上了。我一路睡到日正當中，再次懊悔：「早知道昨天早點睡覺。」

　　儘管比起躺著睡不著，起來工作可以稍微多一點進度，但實際上加加減減，工作量並沒有大到值得用精神去交換的程度。早睡的時候，工作進度太少的內疚讓我焦慮；晚睡的時候，隔天惡劣的精神狀態也讓我焦慮。最後，這份焦慮抵銷了一天的滿足感。明明是為了表現更好才熬夜，結果卻因此報廢了一整天的時間。

這樣的生活持續一段時間後，我罹患了睡眠障礙，只要關了燈就睡不著覺。躺在漆黑的房間裡，我的大腦就會自動播放未完成的工作清單。即使已經睡著了，一有人關燈立刻又清醒過來。我本來是睡得很沉的人，睡著後跟昏過去一樣。現在卻因為想儘早把事情做好，試圖犧牲睡眠來換取進度，結果導致無法入睡。從生理上來看，醒著的時間是變多了沒錯，效率卻差到谷底，還不如正常睡覺。

過年那天，全家人聚在一起。大人們坐在客廳聊著各自的生活，我們堂表兄弟姊妹待在房間裡一起看電視。此時話題切入逢年過節的必考題：「最近過得怎麼樣？」

明年升高三、年紀跟我差距很大的表弟，說出了對大學考試的煩惱。據說三月模擬考的分數會跟大學考試的分數差不多，現在再怎麼努力、成績也不可能一下子變高，他不知道該怎麼辦才好。雖然現行考試機制已經和我當時不一樣，沒辦法針對讀書策略提出建議，不過有一點是肯定的：分數絕對不可能一下子變高。

「是這樣沒錯！成績會呈階梯似的階段性成長。先經歷一段平穩的時期，然後一口氣往上爬，接著再維持一段平穩

的時間，然後一口氣往上爬。分數不會每天一點一點增加，而是某一天突然開始逐漸攀升。我覺得到了這個時期，高分的關鍵已經不在多答對幾題，而是少寫錯幾題。唯有多加強複習以前答錯的題目，才能讓自己的級數提升。如果只想儘快衝高分數，不回頭看已經存在的問題，曾經寫錯的題目還是會繼續寫錯。」

我彷彿一個厲害的人生前輩，侃侃給出了建議。但其實在說到一半的時候，我心裡默默驚慌了起來，因為我突然意識到，這段話也適用在自己身上。

在過去崇尚直線主流的工業設計市場上，以曲線為核心掀起一股革新浪潮的傳說級工業設計師——路易吉・克拉尼 Luigi Colani 曾經說過：「大自然中沒有完全的直線。」

仔細觀察就會發現，樹木、雲朵、小鳥、光線、山稜、海浪、水果……在大自然中並不存在全然筆直的線條。有的線條彎彎曲曲、有的線條凹凸不平、有的線條向上竄起、有的線條向下凹陷。

然而身為大自然之一的我，卻一心想走直線，認為繞了圈子就是吃虧，看到路上有石頭還發牢騷覺得擋路。大自然由始自終都是這樣存在的，是我自己因為生活在一個可以開

鑿隧道穿透群山、架設大橋橫跨汪洋的時代，忘記這些才是真正的理所當然。祈求一路順遂的願望才是不合常理。

　　這個世界時常急促催趕：「快點！再快一點！」必須快點成功、必須快點賺錢、必須快點考上、必須快點前進、必須快點升遷、必須快點回答。但是在我們的生活中，還是有不得不放慢速度的時候，例如在下坡路騎腳踏車、踏進冰冷的泳池、準備穿越馬路、喝很燙的熱湯、在下雨天開車。在這些時刻堅持快速直行，我們的身體就會受到傷害。

　　迫切想儘快做好、卻不知道該怎麼辦，這種無力的焦慮讓我鬱悶不已。不過，直線往前衝不一定是最正確的答案。想到這裡，我的心情頓時輕鬆了一些。進展不順時就適度放鬆吧，我想要成為一個能夠用智慧化解鬱悶的人。放鬆力量、讓身體順著水流浮在水面上，我把一切交給大自然。

在同一個世界裡

過不同的人生

為什麼「開始」前有那麼多藉口呢？
明明很多事比藉口來得更重要。

「我也來開一個 YouTube 頻道吧？」這是近幾年來，人與人之間時常談論的話題。我覺得自己必須跟上流行趨勢，也開始像別人那樣思考頻道的名字、搜尋相機的功能款式、了解影片怎麼編輯。但當真正決定買下相機時，我卻開始猶豫，一下子花光這些錢是對的嗎？

　我瀏覽其他 YouTuber 的影片，他們從背景的裝潢就和我們家完全不同檔次，而且影片不僅有英文字幕、還使用收費音源，「我能在他們之間生存下去嗎？」一想到這裡，我的自信心迅速銳減。然後我開始指責自己，現在光是處理手邊的工作就夠吃力了，還想做什麼 YouTuber？現在都累得快死了，還想做什麼 YouTuber？現在連週末也沒辦法好好休息，還想做什麼 YouTuber？

　即使撇開這些好了，YouTube 界早已是片紅海，影片觀看數低於訂閱者的 YouTuber 大有人在。沒什麼特別之處的我想要跳進這個圈子，簡直跟一頭撞到牆上沒兩樣。

幾個月後，我搬到了一個新社區，邀請朋友們來家裡。我們幾個人從國中至今都很要好，當天各自聊著自己的近況。其中一個朋友帶來了令人驚訝的消息，他在轉職之後，負責的工作內容是「程式開發」。

這位朋友高中唸文組，大學考進了兒童教育系。在學校實習幾次後，可能發現這條路並不適合他，突然跑到中國留學。他很喜歡中國和台灣的電視劇，對中文充滿興趣，當時正好市場上的中文需求很高，因此他也認為這是個好選擇，便在中國待了兩年左右。

不過回到韓國後，他沒有往語言領域發展，反而從事完全不相關的行業——網頁設計師。那是一間小公司，工作內容涵蓋的範圍很大，所以在設計之外，他也要負責簡單的程式開發業務。沒想到誤打誤撞，他在學習開發語言和程式設計的過程中發掘了樂趣，於是辭職離開原本的公司，去報名程式設計補習班。

我原本以為這位朋友和我一樣，骨頭上刻著文組的DNA，大概過沒幾個月就會放棄，沒想到最後真的去做了程式開發的工作。

不僅是我，其他朋友也紛紛瞪大了眼睛。就算是電機系畢業，也未必可以輕鬆找到開發領域的工作，他卻辦到了。幾經波折、過了十幾年，他終於找到適合自己的真正職業。

　　這份震驚才剛消退沒多久，我和一個認識的哥哥一起吃飯。他大學唸社會福利系，還考取了社工證照，後來不顧父母勸阻進入一般公司擔任行政人員。席間他突如其來的一句話，差點害我嗆到。

　　「我馬上就要辦展覽了，妳來看看吧！」

　　我腦中的疑惑不斷冒出，一般人有可能辦展覽嗎？

　　「展覽？哥哥唸的是美術大學嗎？」

　　「不是啊，妳明明知道我是社會福利系畢業的！」

　　他的話再次加深了我的疑惑。

　　「不是啊，這樣怎麼辦展覽啊？」

　　他若無其事回答了我的問題：「什麼怎麼辦展覽？就直接辦啊！只要付錢就可以借到場地。」

　　他的漫不經心在我的後腦勺打了一拳，原來，「可能」和「不可能」之間只有一紙之隔啊！

　　演員秦基周在一個節目上，談論到自己以前的工作。她

小時候的夢想是當一個記者，後來大學按照成績考上了電機系，畢業後面試上大企業的職員，做三年之後選擇離職。接下來，她轉換跑道到江原民營電視台擔任記者，實習三個月後再度離職，報名參加超級模特兒選拔大賽並獲獎，從這時開始正式參加演員的試鏡。當時她已經是二十歲後半的年紀，每次參加試鏡都會聽到「年紀好大」、「妳之前在做什麼，為什麼這個年紀才第一次參加試鏡？」

面對這些冰冷傷人的問題，她理直氣壯反駁：「演戲和年紀沒有關係。七十歲、八十歲的人也都在演戲。角色從孩子到老人都有，演戲和年紀有什麼關係？」

在我面前，總是畫著一條又一條的線，年紀太大了、主修科目不一樣、沒有實力、現在工作太忙、時間不夠、花費太高……「越線」不會被抓走，但我卻限制了自己無限的可能性。為什麼「開始」前有那麼多藉口呢？明明還有很多事比藉口來得更重要。過去的我真像個傻瓜。原來只要去做就能做到，原來我們在同一個世界裡過著不同的人生。

「要這樣才能成功！」、「少做那件事也沒有損失！」藉口是一種假象，可是我一直躲在藉口背後生活。假如真心想

做的話，藉口自然沒有空隙生存。是「各種考量」讓我變得懦弱，面對挑戰如此猶豫不決。

　　我希望自己不再被藉口吞噬。想嘗試時就大膽去嘗試吧！這將為我打造出一把，邁入廣闊世界的鑰匙。

海浪不會總是
以同樣的方式出現

答對每道題目、考出好成績，
也許可以輕鬆通往想去的地方，
但並不代表沒做到這點，
人生就找不到出口。

由於我決定搬到其他地區，不得不離開住了八年的房子。因為生活了很久、行李很多，所以需要提前整理打包。其中最多東西要割捨的地方，就是我的書櫃。學校發的灰色刊物、練習數學的筆記本、大學考試的各科目試題本、新生時期懵懂買下的厚重專業書籍、用彈簧夾裝訂起來的PPT課程講義、整本的多益考古題、證照考試教材⋯⋯我的四層書櫃已經頂天立地，書仍堆到了書櫃前的地板上。

　以前覺得忍著睡意一邊揉眼睛一邊唸書很痛苦，想快點進公司工作。進入公司賺錢後，只需要面對課本的那段時間卻成了懷念的回憶。我突然變得感性起來。翻開學生時期的試題本，裡面處處寫滿了雄心壯志，卻流露出對未來的茫然與不安。密密麻麻的筆記、題號旁邊用紅筆畫了斜線，芝麻般大小的字寫著：「這題再寫錯，妳就是阿米巴原蟲！」

　當時的我們都是抱著這些試題本過生活。猜對了不確定的題目時，高興得像擁有全世界；寫錯了曾經錯過的題目時，崩潰得猶如地球毀滅。我們每天抱著忐忑與不安。萬一這科成績太差影響個人評價，導致未來找不到工作怎麼辦？

甚至因此流下眼淚。看著再怎麼苦讀也提升不了的多益分數，無言心想：「我到底是怎麼考進大學的？」從十幾歲到二十幾歲前半段，我們有很多必須應付的考試，不得不淪為試題的俘虜。這一道題目，有可能改變我們的大學名稱、決定能不能拿到獎學金、影響可投履歷的公司範圍。

但現在回頭看，好想要對當時百般糾結在一道題目上的我說：「親愛的，這個挫折沒有妳看到的那麼大。」那時候的我像是活在深井裡，一道題目、一次考試、一學期成績，都彷彿在評斷我的人生能不能及格般，巨大又沉重；可是一旦走出井底，那些巨牆不過是一條長線上的、小小的點。

當然，如果答對題目、考出優異成績，也許可以輕鬆通往想去的地方，但並不代表沒做到這點，人生就找不到出口。這些挫折只要輕拍屁股、起身走掉就能輕易擺脫。寫錯題目在人生中掀不起多大波瀾，不需要感到內疚。我想告訴過去的自己，傷心難過一下沒有關係，但是在那之後，再次露出燦爛的笑容吧！未來能看到的櫻花最多也不過幾十次，人生如此短暫，光是用來欣賞、思考美麗的事物都不夠用。

在2020年東京奧運會的男子衝浪決賽上，剛好受到颱風的影響，風浪非常猛烈，被沖上岸的漂浮物非常多。比賽一

開始就有衝浪板斷裂，選擇哪一個浪也花了很長的時間。

　　當時負責解說的韓國衝浪國家隊教練宋敏說：「衝浪界最常說的話就是：『海浪絕對不會以同樣的方式出現。』目前比賽的場地是千葉縣的釣崎（釣ヶ崎）海岸，這裡我來過幾次，從沒遇過完美的浪，狀態和現在差不多。所以沒有必要抱怨環境條件不好，選手們都面臨同樣的狀況，評審們也會根據情況給分。我們應該做的是『在現有的狀況下盡最大的努力。』我想，這點是衝浪和人生的相似之處。」

　　儘管沒有考上理想的大學，用其他方法累積能力也能找到好工作；沒有應徵上喜歡的公司，證明實力後也能跳槽轉職。哪怕沒有人了解我的價值，我也能當一個自由工作者或創業者盡情飛翔。現在這個時代，考好成績、進大公司已經不是唯一的標準答案。在現況下盡最大的努力吧！前方隨時都會有路出現，也或許你將成為開闢新路的大人物。

　　我以前不懂得這個道理，每次一出錯就跌到谷底，也因此留下了很深的心理陰影，導致現在壓力大或焦慮的時候，還是會夢到考試遲到、找不到教室、畫錯答案卡……在應該享受學習樂趣的年紀，結果只學到了挫折。如果可以，我好想告訴當時的自己，以及所有身在相同時空背景的人們：這件事不值得你如此挫折。

請撕掉那張
貼了好久的標籤

不是別人在對你指指點點，
是你在對自己指指點點。

我決定去關島旅行，出發前泳裝破了需要買一套新的。到目前為止，我的泳裝一直是韓國人最愛的長袖加短褲、潛水衣般的款式。甚至有人說，在國外只要看泳衣款式，隔一百公尺外也能認出韓國人。該遮的地方遮，該露的地方露，潛水衣對韓國人而言已經是不可替代的商品。但去游泳池實在太常看到這款泳裝了，想到泳裝一件要穿很久，我決定趁這個機會買一件有個人特色的泳裝。

　我到家裡附近的購物中心逛逛，能選擇的款式卻沒有想像中多，如果不是典型的潛水衣，就是赤裸裸的比基尼，只有花紋和顏色不同，類型幾乎沒有差別。

　後來我走進一家運動品牌賣場，發現一件介於潛水服和比基尼之間的泳裝。上半身是一件短袖上衣，遮到肋骨附近，下半身則是超過肚臍上方的高腰設計。這款泳裝非常完美，不僅設計漂亮，線條優美，下腹的地方還收得很緊，只有2%的地方有點可惜，就是下半身像比基尼一樣露出了一大半的屁股⋯⋯「這個能穿到外面嗎？」我從更衣室出來、

站在全身鏡前面，厚實又白晰的大腿最先映入眼簾。「我這種身材穿得這麼大膽，一定會被側目吧！」我再次進入更衣室，換完衣服後離開了賣場。

一起去購物的朋友E問我喜不喜歡那件泳裝。

「雖然很漂亮，但是下半身露太多了，讓我的大腿看起來特別顯眼。妳知道我的大腿很粗壯吧？我的身材沒辦法穿那種衣服，穿出去會被笑的。」

E輕輕撞了撞我的左肩，催我進去結帳。我和她說，反正就算買了，我怕看到自己的肥肉也不敢穿。結果E皺著眉頭反駁了我的想法。

「如果妳的腿是藝人等級的話，應該更漂亮吧！再加上渾圓堅挺的蘋果臀就更好了。可是因為沒有這些，所以不能穿那件泳裝。這是什麼道理啊？有人規定衣服要什麼身材才能穿嗎？喜歡就穿啊！不是別人在對妳指指點點，是妳在對自己指指點點。」

接著E又問我：「妳不是說妳上半身穿XS嗎？那下半身穿什麼？」我一直都是穿S號的。

「那就是平均值、平均值！比起妳的上半身，下半身確

實看起來稍微胖了一點，但那是因為妳上半身太瘦了，不是因為下半身胖。妳的腦中已經認定自己下半身胖嘟嘟，連穿件沒多少錢的衣服都限制這麼多。我要重新校正妳的觀念：衣服只要大小適合就可以穿！不要和那些布過不去。」

禁不住朋友的說服，最後我還是買了那件泳裝，而且一到關島就立刻拿出來穿。在更衣室換泳裝時感覺很尷尬，好像自己犯了什麼罪一樣，不過走到外面一看，露出肌膚這件事比想像中要自然多了。每個人都在忙著展示自己漂亮、帥氣的泳裝，沒有任何人關心我的大腿。而且，一起去旅行的朋友幫我拍了照片，照片中的我並不難看。當然這跟朋友很會拍照也有關係，幫我拍出了一雙大長腿。

所謂的「貼標籤」，是指將一個人套上某種形象，像貼上商品標籤一樣，並自此毫不懷疑標籤上的內容，形成一種既定印象。比如說和某個人對話時，對方一直提到自己很辛苦、很疲憊，我們就會在他身上貼「這個人感覺很憂鬱、陰沉沉」的標籤。過幾天再見到他，看他沒什麼表情便會問他：「今天發生什麼鬱悶的事嗎？」事實上對方心情很好，只是在發呆而已，卻因為沒在笑就被認為：「他又在憂鬱

了。」這一點既適用別人，也適用自己。

　　「我對數學沒有任何天分」、「我的腰圍太粗了」、「我口才不好」如果對自己貼上了這樣的標籤，就會順應標籤而扭曲了看待自己的眼光，封鎖讓自己變得更好的可能性。

　　青春期的我體型有點胖。當時我的上半身也在同齡人平均的尺寸範圍內，下半身卻胖胖的。某個夏天，我站在教室窗邊和其他女同學排排站看著窗外。班上有個調皮的男同學大喊：「天啊！趙宥美的腿完全是蘿蔔腿耶！」當時我要是表現出受傷的樣子，感覺好像無緣無故輸掉了一場比賽，所以我沒有理會他。

　　沒想到那句話留在我心底十幾年，框限了我對自己的看法。「原來我被困在國中時的自己心裡了啊！」現在的我比那時候瘦、個子也更高，跟以前不一樣了。但已經貼上的標籤，卻持續讓我用偏頗的眼光看待鏡中的自己。

　　現在，我要撕掉那張貼在我心裡好久好久的標籤。不管是不是蘿蔔腿，這些一點都不重要。

誰可以決定
這件事做不到？

「做不到」，是誰能決定的呢？
父母？老師？還是法官？
在我放開手之前，誰也無法決定。

準備考公務員的朋友Ｍ，已經咬牙苦撐了四年的時間。眼看著同學一個個考上，成為父母的驕傲，自己這把年紀卻還寄居在老家，常常看旁人的臉色。一開始身邊的人都支持他的決定：「公務員考試這麼難，一次考上才奇怪吧！就算落榜幾次也很正常。」現在大家怕尷尬，連考試的「考」字都不敢說出口，只在背後嘀咕著：「考幾年了啊？怎麼還沒過？」於是他站在人生的十字路口，掙扎著如果努力也做不到的話，乾脆去補習班當老師，或是到私立學校教書算了。

　　要是Ｍ沒有很認真，或是感覺離上榜遙不可及，可能還不至於如此遺憾。但我知道他每次都以非常優異的分數擦邊落榜，實在沒辦法勸他放棄。

　　「可惡！做不到這件事到底是誰決定的？是考試分數？還是面試官？當然這兩項會決定我能不能合格，但也只是『那一次的考試』而已。我死也要做到！我不相信一頭栽進去了還是做不到。假如我現在放棄，最終就是百分之百做不到。為什麼？沒去做當然做不到啊！」Ｍ那天喝完一整瓶燒酒後決心繼續苦讀，終於在第五年感受到上榜的喜悅。

我聽到L出版第二本書的消息，便買了他的書去找他簽名。我先到餐廳並點了兩碗排骨湯，在等待餐點出來的空檔，我們互傳訊息分享這段時間的出書心得。他最後的對話框停留在：「明知做不到還緊抓不放，這樣的我真是太悲慘了。我不想再出第三本書了。」他說，由於第一本書賣得很差，第二本書他傾注了所有心血去做，結果連首刷都賣不完，甚至賣不到炸雞的價格，這挫折感太大了。

這時候如果我對他說：「一切都會好起來的！」感覺很敷衍，但如果說：「這樣真的很不順耶！」又像是在諷刺他。我思索著該說什麼才能讓他不放棄夢想，既然L是因為現實面的考量而苦惱，我想應該從現實面給予他建議。

「即使不順利，至少也堅持到十本書左右。聽前輩說只要出十本，就算每本銷量不多，加總起來的金額還是能夠維持穩定收入。而且現在你的粉絲基本盤還不多，但只要真心誠意持續創作，一看到你名字就買書的讀者也會漸漸出現，當他們不斷聚集起來，就能夠為你打造出一本暢銷書。」

曾表示絕對不再出第三本書的L，後來和其他出版社簽了書約。那本書出版才不到一個禮拜就成了暢銷書，一個月內賣到二刷，取得了突飛猛進的進步。

就像我們熟知的「智力商數IQ」和「情緒商數EQ」一樣，人類還有「逆境商數AQ: adversity quotient」。這是溝通理論家保羅・G・斯托爾茲Paul G. Stoltz所主張的理論，將個人克服逆境的能力數值化。他運用登山者的態度來比喻AQ，並分成三種類型進行說明第一種「Quitter」，意思為「放棄者」，這樣的人一旦遇到困難的路線就會立刻放棄並選擇下山。第二種「Camper」，意思是「紮營者」，這樣的人在登山過程中遇到困難就會搭帳篷停留在原地。最後一種「Climber」，意思是「攀登者」，這樣的人無論再辛苦，都會爬上山頂最終征服一切。放棄者是AQ最低的人，紮營者位於中間，攀登者則是最高的人。

「泰山雖高，也還是在天底下」出自於朝鮮時代文人楊士彥所作的時調。再高聳險峻的山，只要懷抱翻越它的意志，沒有爬不上去的。大家都說，沒有比「明知道做不到還死命堅持」更煎熬的事。然而「做不到」是誰能決定的呢？父母？老師？還是法官？在我放開手之前，誰也無法決定。

明知做不到也不放棄之所以痛苦，是因為自己心裡已經認定那件事情我「做不到」。如果篤定自己總有一天會成功，自然不會因此感到痛苦。無論有什麼逆境擋在我面前，我都要成為征服逆境的攀登者。沒有什麼是做不到的。

我們都是在
借來的歲月中生活

這世界上沒有屬於我的東西。
都是借來的。
如果認為那是自己的所有物，
就會覺得很累。

我爸爸是一個經常拋出空頭支票的人。「有什麼想要的告訴我，爸爸幫你買」、「你想去什麼地方告訴我，爸爸帶你去」、「如果做不到告訴我，爸爸幫你做」。但是，這些口頭上的約定絕大部分沒有成功兌換。「想為你做的事」和「能為你做的事」截然不同，只是爸爸覺得女兒很可愛，心裡想到什麼就先從嘴巴說出來。

　　雖然現在已經理解，爸爸不是故意對年幼的女兒說謊，不過直到我成長到可以理解的年紀之前，曾經因此受到許多打擊。我親身體驗了「失望」是什麼意思。這樣長大的我，一點也不喜歡「希望」這個詞彙。沒有期待就沒有傷害，所謂的希望，就是先讓人有所期待，再讓人流下眼淚。

　　身為一個經常在群眾面前曝光的作者，即使知道不該抱有期待，也仍然忍不住期待。「新書宣傳期要開始了！希望人家可以多讀我的書」、「希望我的書能登上暢銷榜第一名」、「希望讀者們上傳很多購書憑證」、「希望大家熱絡參與活動」⋯⋯當我隔絕所有聲音，獨自一人待在房間裡、盯

著電腦螢幕寫稿時，腦海中也時不時浮現「希望讀者們喜歡這篇文章」。這樣的心理讓我無所適從，深恐沒有得到預期中的結果時，世界將大舉嘲笑我的天真。

儘管害怕失望，下定決心不再相信一切沒有問題，但是我也不能因為這樣，交出連自己都沒有把握的稿子吧。於是我一次又一次相信，一次又一次失望，然後再次相信，又再次失望，如此不斷重複播放。

我的外公比任何人更熱愛閱讀、也比任何人更支持我成為作家的決定。

有一次我問他這樣的問題：「外公，我明明不應該期待，卻還是會期待。頭腦裡很清楚不可能所有人都喜歡我的文章，心裡還是希望大家喜歡我的文章。寫作一點也不累，可是期待太累了。」身為一名作家，最大的難處居然不是寫作，而是自己的期待，這是一件多麼荒謬的事啊！但是外公沒有取笑孫女的幼稚，騰出了自己的膝蓋讓孫女躺下。

「這世界上沒有屬於我們的東西。都是借來的。如果認為那是自己的所有物，就會覺得很累。」
我不太理解外公的話。

「這是我寫的文章，為什麼不是我的？您說借用，是要怎麼借用呢？」

外公給了我一段以人生閱歷才能兌換出的見解。他說以前有一個非常節儉的人說過：「別人問我省那些錢，是要在死之後當路上的盤纏嗎？金錢、名譽、權力，這些都沒辦法交換生命。人只是借用歲月來享受幸福後離開，沒有人能永遠擁有。即使坐擁一切，只要想到那些最終必須放下才能離開，就不會再依依不捨了。既然只是借用，終究要歸還，不一定要擁有太多也無妨吧。」

位於美國加州一座小城市布拉格堡的玻璃海灘 Glass Beach，曾經是一處垃圾掩埋地。各種生活垃圾、家電產品，甚至連汽車也被棄置在那裡。數十年以來堆滿了垃圾、環境汙染越來越嚴重，於是從 1960 年代起，政府禁止人們在此處丟棄垃圾，並開始了淨灘行動。最後雖然清理了大部分的垃圾，卻很難清除大量的玻璃碎片，因此便封鎖該地區，將海岸閒置封閉。

然而大約過了五十年後，到海邊一看，令人難以置信的景象出現在眼前。原本尖銳的玻璃碎片在長長的光陰中和海浪碰撞數萬次，被打磨得像鵝卵石、玻璃珠一樣光滑。整片

玻璃海灘彷彿散落著形形色色的寶石、十分美麗，從此成了遊客絡繹不絕的景點。

因為是人、就因為是人、只因為是人，所以要強迫自己付出努力後絲毫不期待回報，絕不是件容易的事。

但是，假如對明天無法預知的結果寄予厚望，失望自然也將隨之而來。要是一開始就抱持著，要把玻璃海灘打造成旅遊勝地的念頭，想必這裡不會擁有如今的名聲。人們總是希望儘快看見成果，不可能願意空等五十年的時間，一定會加入許多不必要的人為干涉。原本只是垃圾掩埋場的玻璃海灘，是因為將自己完全交付給大自然，才能在數萬次海浪的沖刷之下，創造出如此美麗的傑作，也擁有脫胎換骨、充滿魅力的故事情節。

只要是能夠實現的事，總有一天會實現。
只要是能夠成功的人，有朝一日必定會成功。

風浪無時無刻在打上來，倘若時時因此患得患失，在實現夢想之前、在做出任何事情之前，早就已經先筋疲力盡而墜落。我們都是在借來的歲月中度日，如果知道無論得到再

多、最後都必須歸還才能離開，那麼本來深怕錯過而緊握的拳頭，也能慢慢鬆開。

　　人生就是僅此這麼一趟，沒有理由因為成功而傲慢，也沒有理由因為失敗而失望。

為自己找到「不擔心」的理由

看來他是外地人吧！
他不住在這裡所以不知道，
這很正常，我們能夠理解。

每次逢年過節回故鄉統營的路上，一定會經過「統營大橋」，只要進入那個範圍，四面八方的喇叭聲就此起彼落。因為這段路的車流量特別多，再加上是三岔路口，往往同時有車要左轉、有車要右轉、或是有車準備切進來，必須開在正確的車道上，才能看到通往正確目的地的指標，所以特別需要全神貫注。我平常開車不太焦慮，不過只要一到了節日返鄉，沒禮貌的駕駛蜂擁而出，就讓我不禁想質疑他：「為什麼這樣開車！」

　　我覺得安全受到威脅，心裡瞬間湧現暴躁和煩悶，但住在統營的家人和親戚往往不以為然，只是平靜說一句：「看來他是外地人吧！」就帶過了。這句話裡包含的意思是：他們不住在這裡，所以不知道路、不知所措才冒然切進來，這很正常，我們能夠理解。

　　在社會上，也有很多駕駛莽然闖入別人的車道中。公司裡發生令人心急如焚的突發狀況、有人緊抓著芝麻綠豆大的事找麻煩、明明照慣例去做卻突然出岔子……一整天的走向

不在預期範圍內，緊繃到渾身的汗毛都豎了起來。

當我十幾、二十幾歲的時候，對於這些「介入」極度敏感。心裡不斷焦慮：「為什麼做不到呢？」、「為什麼變成那樣？」、「該怎麼辦？」每天擔心個沒完。

後來走到了跨入三十歲的門檻前，我突然領悟到一件事，心情頓時輕鬆了一半。我體會到，假如那件事能夠靠自己的力量解決，一開始根本也不會擔心。之所以擔心，就是因為沒辦法靠自己解決，既然如此，我根本也不需要絞盡腦汁、執著在那件事上。我為自己找到了「不擔心」的理由。

廣播節目中某個橋段，是DJ金昌完聽了聽眾的故事後，親筆寫信回覆他們。有聽眾問他：「我煩惱到整個人瘦成皮包骨，有沒有辦法讓我沒有壓力地上班呢？」金昌完聽到這則故事，在一張小紙條上連續畫了四十七個圓圈。有的圓圈很正很圓，但沒有幾個，剩下的要不是歪斜、就是線條沒有連起來、或是線條模糊不清。

金昌完提到這些圓圈：「我覺得，煩惱到瘦成這樣的人，肯定相當敏感或完美主義。但是啊，我們的生活並不是像用直尺測量、畫線那樣來區分，不妨想得更從容自在一些。這裡的四十七個圓圈裡，只有兩個圓圈畫得完美圓滑，

可是我們也不會因此認為，紙上的其他圓圈是正方形或三角形吧？這些都是圓圈，只是有點變形而已。」

現在，我經常把家人說的那句「看來他是外地人吧！」掛在嘴邊。如果有人對我沒禮貌，我就會說：「看來他是外地人吧！可能不太了解我才那樣。」工作不順利的時候，我就會說：「看來他是外地人吧！現在跟我還沒什麼默契。」這句話雖然很短，但好像只要想著「看來他是外地人吧！」我的內心就能夠稍作平靜。

外地人，顧名思義就是在「外面」的人，不是我能控制的對象。當我接受有些事並無法靠自己的力量改變，一直以來緊握的拳頭終於慢慢鬆開，學會用不同的心態，享受瑣碎卻美好的每一個日子。那些沒有順我的期盼發展的事，不會因為我的執著、擔心或不安而變得可以做到。在一片漆黑之下，我該做的不是「緊抓不放」，而是「懂得放下」。

人生中的每件事情，

都不可能以完全相同的方式出現。

與其執著已經過去的不順，

或是某段不如意的人際關係，

不如順著時光，緩緩往前走吧！

縱使世界上充滿尖銳的刺，

也能以溫柔的力量，堅定抵擋。

台灣廣廈 國際出版集團
Taiwan Mansion International Group

國家圖書館出版品預行編目（CIP）資料

世界的尖銳，我以溫柔抵擋：感知生命中的每段相遇與對白，找到和自己合拍的堅定力量／趙宥美著；彭翊鈞譯. -- 初版. -- 新北市：蘋果屋出版社有限公司, 2023.08
面；　公分
ISBN 978-626-97272-0-9(平裝)
1.CST: 格言　2.CST: 生活指導

192.8 　　　　　　　　　　　　　　112004178

世界的尖銳，我以溫柔抵擋
感知生命中的每段相遇與對白，找出與自己合拍的堅定力量

作　　者／趙宥美	編輯中心編輯長／張秀環・編輯／蔡沐晨
譯　　者／彭翊鈞	封面設計／曾詩涵・版面設計／何偉凱
	內頁排版／菩薩蠻數位文化有限公司
	製版・印刷・裝訂／東豪・弼聖・紘億・秉成

行企研發中心總監／陳冠蒨	線上學習中心總監／陳冠蒨
媒體公關組／陳柔彣	數位營運組／顏佑婷
綜合業務組／何欣穎	企製開發組／江季珊

發 行 人／江媛珍
法 律 顧 問／第一國際法律事務所 余淑杏律師・北辰著作權事務所 蕭雄淋律師
出　　　版／蘋果屋
發　　　行／蘋果屋出版社有限公司
　　　　　　地址：新北市235中和區中山路二段359巷7號2樓
　　　　　　電話：(886) 2-2225-5777・傳真：(886) 2-2225-8052

代理印務・全球總經銷／知遠文化事業有限公司
　　　　　　地址：新北市222深坑區北深路三段155巷25號5樓
　　　　　　電話：(886) 2-2664-8800・傳真：(886) 2-2664-8801
郵 政 劃 撥／劃撥帳號：18836722
　　　　　　劃撥戶名：知遠文化事業有限公司（※單次購書金額未達1000元，請另付70元郵資。）

■出版日期：2023年08月
ISBN：978-626-97272-0-9　　　版權所有，未經同意不得重製、轉載、翻印。